Web3, Metaverso, Smart Contract, Blockchain, Criptovalute, DOS© e VEO

Il Futuro Digitale per te o per la tua azienda

Marta Maria Moga

Codice ISBN: **9798300519902**

DICHIARAZIONE DI ESCLUSIONE DI RESPONSABILITÀ FINANZIARIA

DICHIARAZIONE DI ESCLUSIONE DI RESPONSABILITÀ FINANZIARIA

Questo libro ha scopo esclusivamente informativo ed educativo. Le informazioni contenute non costituiscono in alcun modo una consulenza finanziaria, legale, fiscale o di investimento. L'autore non è un consulente finanziario.

CONTENUTI

Capitolo 1: **PER TE**

Sottocapitoli

1. **Cos'è il Web3 e Perché Ti Cambierà la Vita**
   - Introduzione al Web3: decentralizzazione, privacy e controllo dei dati.
   - Differenze tra Web2 e Web3: come il Web3 ti offre nuove possibilità.
   - Perché il Web3 è il futuro: opportunità economiche e autonomia digitale.
2. **Il Metaverso: La Nuova Frontiera delle Esperienze Digitali**
   - Cosa rende unico il metaverso: definizione e funzionamento.
   - Piattaforme principali: Decentraland, The Sandbox, Meta Horizon Worlds e State1.io.
   - Come il metaverso cambierà la tua vita: esempi motivanti come visite mediche virtuali, viaggi, corsi e acquisti immersivi.
3. **Criptovalute: La Moneta Digitale che Rivoluziona i Pagamenti**
   - Cos'è una criptovaluta e perché è diversa dalla moneta tradizionale.
   - Le cripto valute: Il Cuore del Web3 e del Metaverso
   - Le criptovalute più utilizzate: Bitcoin, Ethereum, Polygon (MATIC) e altre.
   - Come iniziare a usare le criptovalute: guida pratica per principianti.
4. **Portafoglio: Il Tuo Portafoglio Digitale Personale**
   - Cos'è un wallet e come funziona: custodire criptovalute e firmare contratti intelligenti.
   - Tipi di portafoglio: custodiale e non custodiale, vantaggi e svantaggi.
   - Come configurare un portafoglio: passaggi semplici e sicuri per iniziare.
5. **Smart Contract: Contratti Intelligenti, la Base dell'Automazione Digitale**

Capitolo 2: **PER LA TUA AZIENDA**

Sottocapitoli

- Medicina, scienza.
  - o Esempio di piattaforme da considerare per il business.
3. **E-commerce nel Web3: Una Nuova Era del Commercio Digitale**
   - o **Social Commerce Immersivo** : Acquisti tramite esperienze interattive nel metaverso, come showroom virtuali o eventi di shopping live.
   - o **Token-Commerce** : Creazione di token aziendali per programmi di fidelizzazione o sconti esclusivi.
   - o **DAO-Commerce** : Strutture di e-commerce decentralizzate, gestite dai membri attraverso votazioni e smart contract.
   - o **Cross-Reality Commerce** : Integrazione tra acquisti virtuali e reali, come provare virtualmente un capo di abbigliamento prima di acquistarlo nella realtà.
4. **Formazione e Upskilling del Team**
   - o Perché è essenziale formare i dipendenti sul Web3 e sul metaverso.
5. **Strategie di Marketing nel Metaverso e Web3**
   - o Nuovi approcci per coinvolgere i clienti:
     - Campagne pubblicitarie immersive nei mondi virtuali.
     - Partnership con piattaforme metaverso per promuovere il marchio.
     -

Capitolo 3: **DOS© e VEO**

Capitolo 4: **Come Costruire una DAO**

Capitolo 4: **Legalità e Fiscalità**

Capitolo 5: **Il Costo di Entrare nel Web3**

- Medicina, scienza.
  - o Esempio di piattaforme da considerare per il business.
3. **E-commerce nel Web3: Una Nuova Era del Commercio Digitale**
   - o **Social Commerce Immersivo** : Acquisti tramite esperienze interattive nel metaverso, come showroom virtuali o eventi di shopping live.
   - o **Token-Commerce** : Creazione di token aziendali per programmi di fidelizzazione o sconti esclusivi.
   - o **DAO-Commerce** : Strutture di e-commerce decentralizzate, gestite dai membri attraverso votazioni e smart contract.
   - o **Cross-Reality Commerce** : Integrazione tra acquisti virtuali e reali, come provare virtualmente un capo di abbigliamento prima di acquistarlo nella realtà.
4. **Formazione e Upskilling del Team**
   - o Perché è essenziale formare i dipendenti sul Web3 e sul metaverso.
5. **Strategie di Marketing nel Metaverso e Web3**
   - o Nuovi approcci per coinvolgere i clienti:
     - Campagne pubblicitarie immersive nei mondi virtuali.
     - Partnership con piattaforme metaverso per promuovere il marchio.
     -

Capitolo 3: **DOS© e VEO**

Capitolo 4: **Come Costruire una DAO**

Capitolo 4: **Legalità e Fiscalità**

Capitolo 5**: Il Costo di Entrare nel Web3**

Questo libro è pensato per una vasta gamma di lettori, offrendo una guida completa e accessibile al mondo del Web3, della blockchain, e delle tecnologie emergenti. Ogni capitolo è stato strutturato per rispondere alle esigenze specifiche di chi desidera comprendere e sfruttare queste innovazioni, sia a livello personale che professionale.

Imprenditori e aziende: Per i leader e i professionisti che desiderano espandere il proprio business nel Web3, questo libro fornisce una guida chiara e pratica. Scopri come utilizzare NFT, il metaverso e le tecnologie blockchain per cogliere nuove opportunità di mercato e affrontare i costi associati. Anche chi ha una conoscenza limitata del settore troverà esempi concreti per muovere i primi passi.

Appassionati di tecnologia: Se ami esplorare nuove tecnologie, il Web3 ti sorprenderà. Questo libro ti offre una panoramica completa delle sue applicazioni, spiegando in modo semplice e diretto concetti come DAO, smart contract e criptovalute. Ideale per chi si avvicina per la prima volta a queste tematiche, con o senza una conoscenza di base.

Creativi e artisti digitali: Il Web3 è un'opportunità straordinaria per creativi e artisti digitali. Scopri come monetizzare le tue opere tramite NFT e come il metaverso possa rappresentare un nuovo mercato per le tue creazioni. Con spiegazioni accessibili e consigli pratici, il libro ti aiuterà a fare i primi passi nel mondo della blockchain.

Studenti: Particolare attenzione è dedicata a studenti e giovani professionisti che aspirano a lavorare nel Web3. Se sogni una carriera come DOS (Decentralized Optimization Specialist) o VEO (Virtual Experience Officer), qui troverai una guida per comprendere le competenze richieste e le opportunità disponibili. Questo libro ti aiuterà a orientarti verso carriere innovative e altamente richieste.

Investitori e appassionati di finanza: Il mondo delle criptovalute, della DeFi e degli NFT rappresenta nuove frontiere per la diversificazione degli investimenti. Questo libro analizza i rischi e le opportunità di questi strumenti, spiegando come integrarli in una strategia di investimento consapevole e moderna.

Capitolo 1: **PER TE**

1. Cos'è il Web3 e Perché Ti Cambierà la Vita

1.1 Introduzione al Web3: decentralizzazione, privacy e controllo dei dati.

Internet è ormai parte integrante della nostra vita. Lo usiamo per comunicare, lavorare, imparare e persino per divertirci. Ma ti sei mai chiesto come funziona davvero il web? O perché, ogni volta che cerchi qualcosa online, subito dopo inizi a vedere la pubblicità proprio di quel prodotto? Hai mai avuto l'impressione che Internet "sappia tutto" su di te? Non è un caso: il modello su cui si basa il Web2 è quello del controllo centralizzato, dove pochi attori dominano il panorama digitale. I tuoi dati – chi sei, cosa fai, cosa ti piace – non sono veramente tuoi. Questi dati vengono spesso venduti a scopo pubblicitario o utilizzati per costruire profili dettagliati su di te.

Questi dati appartengono a piattaforme come Google, Facebook e Amazon, che li raccolgono, li archiviano e li usano per i loro interessi.

Nel 2024, Google (Alphabet) ha generato oltre **280 miliardi di dollari** di ricavi, la maggior parte dei quali provenienti dalla pubblicità online. Questa cifra impressionante è il risultato di un modello di business basato sull'accesso e sull'analisi dei dati personali degli utenti. Ogni ricerca effettuata, video visualizzato o sito visitato viene tracciato per creare profili dettagliati, che vengono poi utilizzati per offrire pubblicità mirate con una precisione senza precedenti.

Amazon , con i suoi **45 miliardi di dollari di ricavi pubblicitari** , ha sfruttato l'enorme mole di dati raccolti attraverso la sua piattaforma di e-commerce. Analizzando le preferenze di acquisto, i prodotti visualizzati e le abitudini di consumo, Amazon non solo propone annunci mirati all'interno del proprio ecosistema, ma offre anche servizi pubblicitari a terzi, consolidando la propria posizione nel settore del marketing digitale.

Microsoft, con ricavi pubblicitari che superano gli **80 miliardi di dollari** , ha ampliato il suo impatto grazie ai dati raccolti attraverso i suoi prodotti e servizi cloud, come Azure, LinkedIn e Bing. LinkedIn, in particolare, è diventato una piattaforma centrale per la raccolta e l'utilizzo di dati professionali, consentendo a Microsoft di monetizzare informazioni critiche per il settore B2B.

Questi numeri dimostrano come il controllo esclusivo sui dati personali degli utenti sia il fulcro del modello di business delle Big Tech. Le strategie di monetizzazione non si limitano alla vendita diretta dei dati, ma includono anche la **pubblicità occulta**, una pratica in cui gli annunci sono integrati nei contenuti senza che gli utenti siano pienamente consapevoli di essere esposti a messaggi pubblicitari. Questi sistemi, altamente sofisticati, amplificano la capacità di queste aziende di generare profitti a scapito della trasparenza e della privacy.

Se Google, Amazon e Microsoft perdessero l'accesso esclusivo ai dati degli utenti, ad esempio a causa della decentralizzazione portata dal Web3, il loro modello di business subìbbe una trasformazione drastica.

Il Web3 promette di cambiare tutto questo. È una nuova versione di Internet, progettata per ripristinare agli utenti il pieno controllo sulle proprie informazioni e offrire opportunità economiche, sociali e culturali in modi che non abbiamo mai visto prima.

Cos'è il Web3 e perché è diverso

Il Web3 è basato su una tecnologia chiamata blockchain, che puoi immaginare come un registro digitale pubblico, trasparente e sicuro. A differenza del Web2, dove le informazioni sono archiviate su server di aziende private, nel Web3 i dati sono distribuiti su una rete globale di computer, senza un'unica entità che controlla tutto.

Il Web3 non è solo una novità tecnologica, è una rivoluzione che può trasformare il tuo rapporto con Internet e potrebbe migliorare la tua vita

- **Più privacy:** Non devi più condividere ogni dettaglio personale per accedere a un servizio.
- **Più sicurezza:** Ogni azione che compi è verificata dalla blockchain, eliminando il rischio di frodi.
- **Più opportunità:** puoi guadagnare partecipando a progetti decentralizzati, vendendo opere d'arte digitali o contribuendo a organizzazioni autonome (DAO).

- **Più libertà:** Non sei più vincolato alle decisioni di grandi aziende o piattaforme.

Uno sguardo al futuro

Pensa a come è cambiato Internet negli ultimi 20 anni. Da un luogo per cercare informazioni, è diventato uno spazio per socializzare, lavorare e acquistare. Il Web3 è il prossimo grande passo: un Internet che ti permette di essere non solo un utente, ma un protagonista attivo. Oggi potrebbe sembrare complicato, ma ricorda: anche i social media, gli smartphone e lo streaming erano una volta incomprensibili. Ora sono indispensabili.

Il Web3 potrebbe sembrare lontano, ma sta già accadendo. E presto, sarà parte della tua vita quotidiana.

1.2 Differenze tra Web2 e Web3

Per capire veramente il potenziale del Web3, dobbiamo confrontarlo con il modello che conosciamo meglio: il Web2. Non si tratta solo di una nuova tecnologia, ma di un cambiamento radicale di paradigma. Il Web2, il "web centralizzato" che oggi usiamo quotidianamente, e il Web3, il "web decentralizzato" che sta emergendo, sono fondamentalmente diversi nelle loro basi tecniche, economiche e sociali. Esploriamo insieme le principali differenze e scopriamo perché il Web3 rappresenta un'opportunità unica per te.

1. Controllo dei dati: da "loro" a "tuo"

Nel Web2, ogni volta che ti registri a un servizio – che sia un social network, un negozio online o un'app – stai condividendo i tuoi dati personali con un'azienda. Queste informazioni, come il tuo nome, la tua email, il tuo comportamento online, diventano proprietà della piattaforma, che può usarle a scopo di lucro o venderle a terzi.

Nel Web3, il controllo torna a te. Non c'è bisogno di creare un account o condividere i tuoi dati personali. Puoi accedere ai servizi utilizzando un "wallet digitale": **una** sequenza di numeri e lettere che ti identifica in modo univoco, uno strumento che ti permette di autenticarti senza rivelare chi sei. Il portafoglio è tuo, e solo tu decidi come e quando usarlo. Non c'è un intermediario che memorizza o controlla le tue informazioni.

Esempio pratico:

Web2: Vuoi usare una piattaforma di streaming? Devi creare un account con nome, email e magari anche la tua carta di credito. I tuoi dati vengono archiviati   sui   server   dell'azienda.
Web3: Vuoi accedere a contenuti digitali? Usa il tuo portafoglio, paghi direttamente in criptovaluta, e ottieni l'accesso senza mai fornire informazioni personali.

2. Intermediari: eliminati nel Web3

Il Web2 è dominato da intermediari. Ogni azione che compi – invia un messaggio, effettua un pagamento, carica un video – passa attraverso un servizio centralizzato. Questi intermediari, come Google, YouTube o PayPal, facilitano l'azione ma trattengono una parte del controllo e spesso anche una percentuale economica.

Il Web3 elimina questa necessità grazie alla blockchain e agli smart contract. Le transazioni, i pagamenti e le interazioni avvengono direttamente tra le parti coinvolte, senza bisogno di un intermediario. Questo non solo riduce i costi, ma aumenta la privacy e la sicurezza.

Esempio pratico:

Web2: Vuoi vendere un prodotto digitale? Devi usare una piattaforma come Amazon o Etsy, che trattiene una commissione e ha il potere di rimuovere   il   tuo   prodotto.
Web3: Puoi vendere direttamente al tuo pubblico utilizzando NFT o smart contract, trattenendo il 100% dei guadagni.

3. Proprietà digitale: dal "possesso illusorio" al "possesso reale"

Nel Web2, la proprietà digitale è spesso solo un'illusione. Quando compri un dominio per un sito web, film o una canzone su una piattaforma, in realtà non possiedi il file/ dominio: hai solo una licenza per usarlo. Se la piattaforma chiude o decidi di cambiare le regole, puoi perdere l'accesso ai tuoi acquisti.

Nel Web3, grazie alla blockchain, la proprietà digitale diventa reale. Acquistando un NFT, ad esempio, un oggetto digitale unico, verificabile e trasferibile sarà realmente tuo. Nessuno potrà mai portartelo via, sarai libero ad'usarlo, venderlo o scambiarlo.

Esempio pratico:
Web2: Acquisisci un dominio per il tuo sito web attraverso un registrar centralizzato. Paghi una quota annuale per il diritto di attualità, ma non ne sei il vero proprietario. Se non rinnovi l'abbonamento o se il registrar decide di bloccare il tuo account, perde l'accesso al dominio.
Web3: Acquisti un dominio basato su blockchain (es. tramite ENS o Unstoppable Domains) come NFT. Questo dominio è tuo per sempre, senza costi di rinnovo obbligatori. Puoi usarlo per il tuo sito web, collegarlo al tuo portafoglio cripto o trasferirlo a un altro utente senza intermediari. Anche se una piattaforma smette di funzionare, il dominio rimane tuo, custodito nella blockchain.

4. Economia digitale: dal "consumo passivo" alla "partecipazione attiva"

Nel Web2 sei principalmente un consumatore. Guardi video, leggi articoli, acquisti prodotti, ma il valore economico generato da queste attività va alle piattaforme. Solo una piccola parte torna agli utenti (e spesso solo ai creatori di contenuti con un pubblico enorme).

Il Web3 cambia le regole: tutti possono partecipare attivamente all'economia digitale. Puoi guadagnare attraverso lo staking, la partecipazione a DAO, la vendita di NFT o la fornitura di servizi decentralizzati. Non importa quanto grande sia la tua audience: nel Web3, ogni contributo può essere ricompensato.

Esempio pratico:

Web2: Usi una piattaforma di social media per condividere contenuti, come foto o video. Anche se il tuo post riceve migliaia di visualizzazioni o interazioni, non ricevi alcun compenso diretto. Il valore economico generato dai tuoi contenuti va interamente alla piattaforma, che ne trae profitto.

Web3: Pubblichi i tuoi contenuti come NFT o all'interno di una piattaforma decentralizzata. L'utilizzo del contenuto genera un valore diretto per te, che vieni ricompensato in token o criptovalute. Non importa quanto grande sia il tuo pubblico: anche un piccolo contributo, come un'opera d'arte digitale o un articolo, può essere venduto, condiviso o remunerato equamente, senza intermediari. Inoltre, puoi ricevere ricompense aggiuntive se partecipi attivamente alla governance della piattaforma tramite una DAO.

5. Trasparenza e fiducia: dal "fidati di noi" al "fidati della blockchain"

Nel Web2, gran parte di ciò che accade dietro le quinte è opaco. Le piattaforme decidono chi vede i tuoi contenuti, quanto pagarti e come utilizzare i tuoi dati. Sei costretto a fidarti, ma spesso senza poter verificare.

Nel Web3, tutto è trasparente. Le regole sono codificate negli smart contract, visibili e immutabili sulla blockchain. Puoi verificare ogni transazione, ogni decisione, ogni azione. Non devi più fidarti di un'azienda, ma solo della tecnologia.

Esempio pratico:

Web2: Una piattaforma dice che il tuo video è stato demonetizzato, ma non ti spiega il perché.
Web3: Le regole di pagamento sono scritte in uno smart contract. Se rispetti le condizioni, ricevi automaticamente il pagamento.

6. Accessibilità globale: un Internet per tutti

Il Web2 è limitato da confini geografici, regolamenti e valute. Ad esempio, non tutti possono aprire un conto PayPal o accedere a determinati servizi online.

Il Web3 è globale per natura. Chiunque, ovunque nel mondo, può accedere a servizi finanziari, sociali e culturali semplicemente utilizzando un wallet e una connessione Internet. Non importa dove vivi o quale sia la tua situazione economica: nel Web3, hai le stesse opportunità di tutti.

Esempio pratico:

Web2: Un lavoratore freelance in un paese con restrizioni valutarie non può ricevere pagamenti internazionali facilmente. Web3: Lo stesso lavoratore può ricevere pagamenti in criptovalute istantaneamente, senza bisogno di banche o intermediari.

Perché il Web3 è migliore?

Le differenze tra Web2 e Web3 sono profonde e trasformative. Il Web3 non è solo una versione aggiornata di Internet, ma un nuovo modello basato su proprietà, partecipazione e trasparenza. Ti offre un controllo senza precedenti sulla tua esperienza online, trasformandoti da semplice utente passivo a protagonista attivo dell'economia digitale. Con il Web3, le possibilità sono infinite e il futuro è nelle tue mani.

Il Web3 non è solo una teoria o un'idea futuristica: molte aziende stanno già utilizzando questa tecnologia per trasformare i propri modelli di business, migliorare l'esperienza dei clienti e acquisire un vantaggio competitivo.

1.3 Perché il Web3 è il futuro: Opportunità Economiche e Autonomia Digitale

Quando parliamo di Web3, non stiamo solo immaginando un'evoluzione tecnologica. Stiamo parlando di una vera trasformazione: un Internet che non connette solo le persone, ma che offre a ognuno la possibilità di essere un partecipante attivo, un creatore e persino un proprietario. Il Web3 promette di abbattere le barriere che oggi limitano le opportunità economiche e di offrire un livello di autonomia digitale mai visto prima. L' Web3 non è solo il futuro, ma una rivoluzione destinata a trasformare il modo in cui viviamo, lavoriamo e guadagniamo.

Un'Economia Digitale per Tutti

Nel Web2, le opportunità economiche sono limitate e centralizzate. Le piattaforme detengono il potere economico: YouTube decide quanto guadagni dai tuoi video, Amazon controlla le commissioni sui tuoi prodotti, e Facebook decide chi vede i tuoi annunci. Questo sistema, pur essendo efficace, lascia molte persone escluse o sottopagate.

Il Web3, invece, è progettato per essere inclusivo. Grazie alla blockchain e agli smart contract, chiunque può partecipare all'economia digitale, senza intermediari e con la garanzia di trasparenza. Ogni transazione, ogni interazione, ogni contributo è visibile e verificabile, e tutti hanno le stesse opportunità di successo.

Esempio pratico:

Immagina di essere un musicista indipendente. Nel Web2, devi utilizzare piattaforme come Spotify o Apple Music, che trattengono una percentuale significativa dei tuoi guadagni. Nel Web3, puoi pubblicare la tua musica su piattaforme come Audius, Catalog, MintSongs o Royal, dove i fan ti supportano direttamente con token, e vendere brani come NFT, eliminando gli intermediari, permettendo ai tuoi fan di possedere una copia unica o limitata delle tue canzoni.. Tutto il guadagno va a te, senza percentuali trattenute dagli intermediari.

Le Opportunità Economiche del Web3

Il Web3 apre le porte a nuove modalità di guadagno, molte delle quali erano impensabili fino a pochi anni fa. Ecco alcune delle più interessanti:

1. **Creazione e Vendita di NFT (Non-Fungible Tokens):**
   Gli NFT hanno rivoluzionato il concetto di proprietà digitale. Artisti, musicisti, designer e persino scrittori possono creare opere uniche e venderle direttamente ai loro fan. Questi token

digitali garantiscono la proprietà e l'autenticità dell'opera, offrendo un nuovo mercato a chiunque voglia monetizzare il proprio talento.

2. **Staking e DeFi (Finanza Decentralizzata):** Nel Web3, puoi guadagnare anche semplicemente mettendo a disposizione le tue criptovalute per supportare la rete. Lo staking ti consente di ricevere premi per "bloccare" i tuoi fondi in una rete blockchain. La DeFi, invece, ti permette di investire, porre o prendere in prestito fondi senza bisogno di banche.

3. **Partecipazione a DAO (Organizzazioni Autonome Decentralizzate):** Una DAO è un'organizzazione gestita da una comunità, senza capi o dirigenti. Ogni membro ha un voto e può contribuire alle decisioni. Partecipare a una DAO non solo ti dà voce, ma ti permette anche di guadagnare attraverso premi o token distribuiti ai membri.

4. **Creazione di Mondi Virtuali nel Metaverso:** Il metaverso è un nuovo spazio digitale dove puoi acquistare terreni virtuali, costruire negozi, organizzare eventi o creare esperienze interattive. Questi spazi possono essere monetizzati, offrendo un flusso di entrate completamente nuovo.

5. **Tokenizzazione di attività reali:** con il Web3, puoi trasformare beni fisici in asset digitali. Ad esempio, un immobile può essere "tokenizzato" e venduto in piccole frazioni, permettendo a chiunque di investire in beni che prima erano accessibili solo a pochi.

Libertà dai confini geografici

Il Web3 elimina le barriere geografiche e istituzionali, permettendo a chiunque, ovunque nel mondo, di partecipare all'economia digitale con una semplice connessione Internet e un portafoglio digitale. Questo non solo democratizza l'accesso alle opportunità economiche, ma riduce la dipendenza da sistemi centralizzati e intermediari, che spesso limitano l'innovazione e l'indipendenza professionale.

Immagina un ricercatore universitario in un Paese dove i finanziamenti pubblici per la ricerca scientifica sono scarsi o inesistenti. Nel Web2, il ricercatore sarebbe costretto a cercare sovvenzioni tramite enti governativi o istituzioni internazionali, sottoponendosi a lunghe burocrazie, elevati requisiti di ammissibilità e, in molti casi, alle fluttuazioni delle politiche locali.

Nel Web3, il ricercatore può pubblicare la sua proposta di ricerca su una piattaforma decentralizzata utilizzando un'organizzazione autonoma decentralizzata (DAO). Qui, gli utenti della piattaforma, provenienti da ogni parte del mondo, possono finanziare direttamente il progetto acquistando token associati alla ricerca. Questi token non rappresentano solo un contributo economico, ma possono anche dare agli investitori un diritto di voto sulle decisioni chiave della ricerca, come la scelta dei partner o delle tecnologie da adottare.

O un biologo in Africa che studia la biodiversità potrebbe ricevere fondi direttamente dai sostenitori, aggirando le banche, le commissioni internazionali e le fluttuazioni delle valute locali. La trasparenza della blockchain garantisce che i finanziamenti siano utilizzati esattamente come promesso, creando fiducia tra le parti. Inoltre, i risultati della ricerca possono essere pubblicati come NFT o file distribuiti su IPFS (Inter Planetary File System è un protocollo e una rete peer-to-peer per l'archiviazione e la condivisione di dati in modo distribuito e decentralizzato), garantendo la proprietà intellettuale e la monetizzazione diretta dei dati senza la necessità di un editore concentrato.

Un altro caso anora potrebbe essere quello delle donazioni per combattere la povertà. Nel Web2, quando inviamo soldi a organizzazioni benefiche, una percentuale significativa delle donazioni finisce nel sostenere i costi operativi dell'organizzazione stessa: salari, infrastrutture, marketing e amministrazione. Questo sistema, pur essendo ben intenzionato, spesso riduce l'impatto diretto delle donazioni.

Nel Web3, questo modello potrebbe essere completamente trasformato. Utilizzando lo smart contract, i donatori potrebbero inviare fondi direttamente ai beneficiari finali, senza passare attraverso intermediari. Ad esempio:

- Le donazioni potrebbero essere distribuite in stablecoin ai portafogli digitali verificati di famiglie bisognose. Questo garantiscebbe che il 100% dei fondi raggiunga direttamente chi ne ha bisogno.

- Gli smart contract potrebbero includere criteri di utilizzo, come vincoli per l'acquisto di cibo, medicinali o altri beni essenziali, assicurandosi che i fondi siano spesi come previsti.

- Le transazioni sarebbero completamente trasparenti, consentendo ai donatori di verificare esattamente dove e come vengono utilizzati i loro soldi, senza possibilità di corruzione o uso improprio.

Inoltre, potrebbero essere creati DAO umanitarie, dove i donatori hanno voce in capitolo su come vengono distribuiti i fondi, garantendo una governance decentralizzata e più partecipativa. Questo sistema non solo riduce i costi operativi, ma crea anche un meccanismo di fiducia e trasparenza che nel Web2 sarebbe impensabile.

Inclusione finanziaria per tutti

Nel Web2, l'accesso ai servizi finanziari di base è spesso limitato, soprattutto per coloro che vivono in aree rurali o in paesi in via di sviluppo dove le banche sono fisicamente distanti, difficili da raggiungere o non affidabili. Questo problema esclude milioni di persone dall'economia globale.

Il Web3 cambia le regole del gioco: chiunque, con una connessione Internet, può creare un portafoglio digitale in pochi minuti. Questo portafoglio consente di accedere a servizi finanziari decentralizzati (DeFi), come prestiti, risparmi, investimenti e pagamenti, eliminando la necessità di una banca tradizionale.Immaginiamo un pescatore che vive in un remoto villaggio costiero nelle Filippine.

Oggi deve percorrere ore di viaggio per raggiungere una banca e depositare o ritirare i suoi guadagni. Spesso si trova a perdere tempo prezioso o a pagare commissioni elevate. Tuttavia, nel futuro grazie al Web3, questo pescatore potrà trasformare completamente il modo in cui gestisce le sue finanze.

Con il Web3, questo pescatore potrà:

1. Creare un portafoglio digitale con il suo smartphone in pochi minuti, senza alcuna necessità di documenti complicati o visite fisiche a un ufficio.

2. Ricevere pagamenti in criptovalute direttamente dai commercianti o dai clienti internazionali, eliminando la necessità di intermediari o lunghi trasferimenti bancari.

3. Utilizzare app decentralizzate (dApp) per convertire le criptovalute in valuta locale o per gestire i suoi risparmi in stablecoin, proteggendosi dall'inflazione e dalle fluttuazioni della moneta locale.

4. Investire in strumenti finanziari decentralizzati, come pool di liquidità, per far crescere i suoi risparmi senza doversi affidare alle banche.

5. Ottenere micro-prestiti decentralizzati per acquistare attrezzature migliori o espandere la sua attività, senza preoccuparsi di garanzie che oggi non potrebbe fornire.

Questa trasformazione non solo gli consentirà di risparmiare tempo e denaro, ma gli aprirà le porte a una nuova economia globale, senza limiti geografici.

Lo so, è difficile credere che in luoghi così "dimenticati" si possa arrivare all'utilizzo della blockchain? Ma rifletti: quante persone di queste aree pubblicano video su YouTube e TikTok, mostrando le loro vite e competenze?

Se Internet è arrivato fin lì, anche il Web3 lo farà. La tecnologia non ha confini, e il futuro renderà tutto questo una realtà concreta.

Un Sistema Economico Più Equo

Il Web3 è progettato per essere più equo. Ogni partecipante ha accesso alle stesse opportunità, e le regole sono definite dallo smart contract, che garantiscono trasparenza e imparzialità. Non ci sono favoritismi o decisioni arbitrarie prese da una singola entità.

Immaginiamo un insegnante di inglese che vive in un remoto villaggio montano del Nepal, con accesso limitato a risorse e opportunità di lavoro. Nel Web2, per offrire lezioni online, deve utilizzare piattaforme centralizzate come i tutor marketplace, che impongono commissioni elevate e algoritmi che favoriscono i profili con più recensioni, rendendo difficile per i nuovi arrivati ottenere visibilità.

Con il Web3, questo insegnante può:

1. Creare un profilo su una piattaforma decentralizzata, gestita da smart **contract**, che garantisce la stessa visibilità a ogni tutor, indipendentemente dalla posizione geografica o dall'anzianità.
2. Impostare uno smart contract per ogni lezione, in cui i pagamenti vengono bloccati al momento della prenotazione e rilasciati automaticamente al termine della sessione, evitando ritardi o dispute.
3. Mantenere il 100% dei suoi guadagni, poiché non ci sono commissioni centralizzate o intermediazioni.
4. Essere valutato in modo trasparente, con recensioni registrate sulla blockchain e impossibili da manipolare, garantendo un sistema meritocratico.

Questo sistema decentralizzato non solo elimina le disparità create dalle piattaforme centralizzate, ma permette a chiunque, ovunque si trovi, di accedere a un mercato globale con regole uguali per tutti.

In un mondo dove spesso le opportunità dipendono dalle risorse disponibili, il Web3 dimostra che un sistema veramente equo è possibile, sfruttando la tecnologia per abbattere le barriere e creare condizioni paritarie per tutti i partecipanti.

Perché il Web3 è il futuro

Il Web3 rappresenta un'era in cui ognuno di noi ha più potere, più opportunità e più libertà. È un Internet che non si limita a connetterci, ma che ci rende protagonisti attivi, capaci di creare, contribuire e prosperare. Se il Web2 ci ha insegnato a usare Internet, il Web3 ci insegnerà a possederlo. E questo è solo l'inizio.

Capitolo 1: **PER TE**

2.Il Metaverso: La Nuova Frontiera delle Esperienze Digitali

2.1 Cosa rende unico il metaverso: definizione e funzionamento

Immagina di poter entrare in un mondo digitale in cui ogni limite della realtà fisica scompare. Un luogo dove puoi camminare in una galleria d'arte con amici che si trovano dall'altra parte del pianeta, partecipare a una riunione d'affari senza lasciare casa o persino assistere a un concerto dal vivo senza dover affrontare la folla. Questo è il metaverso: un universo virtuale immersivo, persistente e condiviso, dove la realtà fisica e digitale si fondono.

Il metaverso

Il metaverso è uno spazio digitale tridimensionale, accessibile tramite Internet, in cui le persone possono interagire attraverso avatar personalizzati. È molto più di un semplice gioco o di una piattaforma online: il metaverso rappresenta un ecosistema di esperienze immersive che includono socializzazione, lavoro, intrattenimento, commercio, cultura, medicina e istruzione.

Caratteristiche principali del metaverso:

- **Immersività:** Grazie a tecnologie come la realtà virtuale (VR) e la realtà aumentata (AR), il metaverso ti permette di sentirti completamente "dentro" l'esperienza digitale.
- **Persistenza:** Il metaverso continua a esistere anche quando esci. Gli eventi, le modifiche e le interazioni avvengono nel tempo reale e rimangono memorizzati.
- **Interconnessione:** diversi mondi virtuali e piattaforme possono essere collegati, creando un'unica grande rete in cui gli utenti possono muoversi liberamente.
- **Accessibilità:** Puoi accedere al metaverso tramite computer, smartphone, visori VR o AR, adattandolo al livello di tecnologia che hai a disposizione.

Come funziona il metaverso?

Il metaverso è costruito su tecnologie avanzate che lavorano insieme per creare uno spazio digitale fluido e interattivo. Tra queste, le più importanti sono:

1. **Blockchain:**
   La blockchain è la spina dorsale del metaverso. Permette di creare e scambiare oggetti digitali unici, come terreni virtuali, avatar e accessori, sotto forma di NFT (Non-Fungible Tokens). Inoltre, garantisce che ogni transazione sia sicura, trasparente e verificabile.
2. **Realtà Virtuale (VR) e Realtà Aumentata (AR):** La VR ti trasporta completamente in un ambiente digitale, mentre la AR aggiunge elementi virtuali al mondo reale. Queste tecnologie rendono il metaverso più immersivo e realistico.
3. **Intelligenza Artificiale (AI):** L'AI alimenta gli avatar, gli ambienti e le interazioni nel metaverso, rendendoli più realistici e personalizzati. Ad esempio, un assistente virtuale nel metaverso può rispondere alle tue domande in modo naturale e contestuale.
4. **Internet ad alta velocità:** per garantire esperienze fluide e interazioni in tempo reale, il metaverso richiede connessioni Internet veloci e affidabili.
5. **Wallet Digitali e Criptovalute:** I wallet digitali sono strumenti essenziali per accedere al metaverso. Ti permettere di acquistare beni, partecipare ad eventi e gestire le tue risorse digitali. Le

criptovalute, come Ethereum o Polygon, sono spesso utilizzate come valuta per queste transazioni.

Perché il metaverso è unico

Il metaverso non è un singolo luogo o una piattaforma, ma un universo composto da molteplici mondi virtuali interconnessi. Ecco cosa lo rende davvero speciale:

1. **Interazione Sociale Senza Confini:** Puoi incontrare persone da tutto il mondo, condividere esperienze e costruire relazioni in modi che vanno oltre le tradizionali piattaforme di social media.
2. **Unione tra Realtà e Digitale:** Nel metaverso, il confine tra ciò che è reale e ciò che è digitale diventa sfumato. Puoi decorare una casa virtuale con opere d'arte NFT che puoi realmente o partecipare a un evento che combina spettatori fisici e virtuali.
3. **Possesso e personalizzazione:** Ogni oggetto che acquisti nel metaverso è tuo. Puoi personalizzare il tuo avatar, il tuo spazio e le tue esperienze in modo unico e verificabile.
4. **Opportunità Economiche Illimitate:** Dal lavoro remoto alla vendita di prodotti digitali, il metaverso offre infinite possibilità per creare valore economico. Puoi persino avviare un'attività interamente virtuale.
5. **Esperienze Impossibili nel Mondo Reale:** Il metaverso ti permette di fare cose che nella realtà sarebbero difficili o impossibili. Puoi volare, esplorare pianeti lontani o partecipare a simulazioni avanzate per imparare nuove competenze.

Un mondo in costante evoluzione

Il metaverso è ancora agli inizi, ma le sue potenzialità sono immense. Aziende, artisti, medici, educatori e sviluppatori stanno già costruendo esperienze incredibili. Ad esempio:

- **Fiere ed eventi virtuali:** puoi partecipare a conferenze o concerti senza muoverti da casa, interagendo con gli altri partecipanti in tempo reale.
- **Commercio immersivo:** Immagina di poter provare un vestito sul tuo avatar prima di acquistarlo nel mondo reale.

- **Formazione avanzata:** Gli studenti di medicina possono esercitarsi in operazioni virtuali, mentre i piloti apprendono a gestire situazioni critiche in simulatori iper-realistici.

Il metaverso non è solo un'esperienza digitale, ma una nuova dimensione della nostra vita. È la prossima grande rivoluzione tecnologica e sociale, e presto diventerà una parte integrante del nostro quotidiano.

2.2. Piattaforme principali: Decentraland, The Sandbox, Meta Horizon Worlds e State1.io

Il metaverso è un ecosistema in crescita, composto da piattaforme che si distinguono per caratteristiche uniche e applicazioni pratiche. Ognuna di queste piattaforme offre esperienze innovative e immersive, spaziando dal gaming alla formazione, dal commercio alla sanità. Di seguito esploreremo in modo dettagliato quattro delle principali piattaforme che stanno plasmando il futuro digitale: **Decentraland, The Sandbox, Meta Horizon Worlds** e **State1.io**.

1. Decentraland: Il Pioniere della Decentralizzazione

Decentraland è una delle prime piattaforme del metaverso completamente decentralizzate. Basata sulla blockchain Ethereum, permette agli utenti di acquistare, possedere e costruire terreni virtuali sotto forma di NFT. Ogni appezzamento è unico e può essere personalizzato per creare esperienze interattive.

Settori di applicazione e casi pratici:

- **Commercio e branding:** aziende globali stanno aprendo negozi virtuali su Decentraland per mostrare e vendere prodotti digitali e fisici. I clienti possono esplorare collezioni di moda, provare capi virtualmente e acquistare beni esclusivi legati a NFT. *Esempio:* Un brand di moda ha aperto una boutique virtuale dove gli utenti possono acquistare accessori esclusivi e partecipare a eventi di lancio.

- **Educazione e cultura:** Decentraland è usato da università e organizzazioni per creare campus virtuali. Gli studenti possono partecipare a lezioni, visitare laboratori simulati e partecipare a workshop. Mostre d'arte e concerti digitali arricchiscono l'offerta culturale.
  Esempio: Una galleria d'arte ha esposto opere digitali di artisti emergenti, vendute come NFT ai visitatori.
- **Investimenti e sviluppo immobiliare virtuale:** Gli utenti acquistano terreni, sviluppano spazi interattivi e li affittano per eventi o attività commerciali. Il valore dei terreni virtuali aumenta con la crescita della piattaforma.

2. Il Sandbox: Creatività e Gaming Interattivo

The Sandbox combina il metaverso con il gaming, offrendo strumenti potenti per creare giochi, esperienze e mondi interattivi. Basata su blockchain, la piattaforma consente agli utenti di monetizzare i propri contenuti attraverso NFT.

Settori di applicazione e casi pratici:

- **Gaming personalizzato:** Gli utenti possono creare giochi senza bisogno di competenze di programmazione utilizzando il Game Maker. Questi giochi possono essere condivisi e monetizzati tramite il marketplace della piattaforma.
  Esempio: Creatori indipendenti hanno sviluppato giochi educativi che insegnano matematica o scienze attraverso esperienze interattive.
- **Collaborazioni con marchi globali:** Brand come Adidas e Gucci hanno creato spazi virtuali su The Sandbox, offrendo esperienze immersive ai fan. Gli utenti possono esplorare showroom, acquistare NFT legati a collezioni esclusive e partecipare a eventi promozionali.
  Esempio: Adidas ha lanciato un evento virtuale in cui posso esplorare la storia del marchio e acquistare sneaker NFT.
- **Arte e cultura:** Artisti e organizzazioni culturali stanno utilizzando The Sandbox per creare gallerie virtuali e mostre d'arte interattive. Gli utenti possono esplorare le opere e acquistarle come NFT.
  Esempio: Un festival d'arte digitale ha ospitato artisti da tutto il

mondo, offrendo una piattaforma per esporre e vendere le loro opere.

3. Mondi Meta Horizon: Socializzazione e Collaborazione Virtuale

Meta Horizon Worlds è la piattaforma social di Meta (ex Facebook), progettata per connettere persone in spazi virtuali. Accessibile tramite visori VR, offre un ambiente immersivo per socializzare, collaborare e partecipare a eventi.

Settori di applicazione e casi pratici:

- **Eventi aziendali:** Le aziende possono organizzare conferenze, riunioni e presentazioni di prodotto in ambienti virtuali personalizzati.
  Esempio: Una multinazionale ha organizzato un workshop immersivo per formare dipendenti in tutto il mondo.
- **Istruzione e formazione:** Meta Horizon Worlds è usato per corsi e simulazioni pratiche, come formazione medica o addestramento tecnico, grazie alla combinazione di VR e strumenti   collaborativi.
  Esempio: Un'università ha creato simulazioni VR per lezioni di anatomia, offrendo agli studenti un'esperienza pratica e dettagliata.
- **Socializzazione e intrattenimento:** Gli utenti possono partecipare a giochi interattivi, serate karaoke o eventi sportivi in un   contesto   virtuale   con   avatar   realistici.
  Esempio: Un'organizzazione sportiva ha ospitato un evento VR in cui i tifosi potevano interagire con gli atleti e accedere a contenuti esclusivi.

4. State1.io: Innovazione Italiana e Soluzioni Immersive

State1.io è una piattaforma italiana che integra realtà aumentata (AR), realtà virtuale (VR) e intelligenza artificiale (AI) per creare esperienze settoriali innovative. È progettata per risolvere problemi specifici in ambiti come sanità, educazione, commercio e altro.

Settori di applicazione e casi pratici:

- **Sanità:**
  La "Virtual Clinic" di State1 permette visite mediche da remoto in ambienti sicuri e immersivi. Questa soluzione è utilizzata per consultazioni tra medici e pazienti, riducendo costi e tempi. *Esempio:* Una clinica virtuale offre sessioni di fisioterapia a distanza, combinando VR e tracciamento dei movimenti.
- **Istruzione immersiva:** Lezioni virtuali interattive consentono agli studenti di esplorare concetti complessi, come processi chimici o anatomia, attraverso simulazioni pratiche. *Esempio:* Una scuola ha creato esperienze immersive per insegnare la storia, portando gli studenti in viaggi virtuali nel passato.
- **Commercio e vendita al dettaglio:** Attraverso le tecnologie AR/VR, i clienti possono vedere e provare prodotti virtualmente, come capi di moda o orologi di lusso. *Esempio:* Un negozio virtuale consente ai clienti di personalizzare e visualizzare gli orologi in tempo reale prima dell'acquisto.
- **Fitness e sport:** Palestre e centri sportivi offrono allenamenti VR immersivi e tour virtuali delle strutture. *Esempio:* Un corso di arti marziali immersivo permette agli studenti di allenarsi con avatar digitali del maestro in tempo reale.

Con casi d'uso reali e collaborazioni innovative, ognuna di queste piattaforme offre un assaggio di ciò che il futuro digitale ha in serbo per noi.

2.3 Come il metaverso cambierà la tua vita: esempi motivanti come visite mediche virtuali, viaggi, corsi e acquisti immersivi.

Il metaverso non è solo una moda tecnologica, ma un cambiamento radicale nel modo in cui vivremo, lavoreremo e interagiremo con il mondo. È una fusione tra realtà fisica e digitale, dove esperienze un tempo considerate fantascientifiche stanno diventando possibili.
Ma perché il metaverso avrà un impatto così profondo sulla tua vita? La risposta sta nel modo in cui sta rivoluzionando settori fondamentali come il lavoro, l'educazione, il commercio, la sanità e persino il nostro tempo libero. Questa trasformazione non solo rende

queste attività più accessibili, ma le rende anche più efficienti, coinvolgenti e personalizzate.

1. Lavorare nel Metaverso: Uffici Virtuali e Nuovi Modelli di Produttività

Il lavoro da remoto è già una realtà, ma il metaverso lo porterà a un livello completamente nuovo. Grazie a uffici virtuali immersivi, potrai lavorare da qualsiasi parte del mondo senza sacrificare la qualità delle interazioni.

Come cambierà il lavoro:

- **Uffici virtuali immersivi:** Ambienti 3D realistici dove puoi incontrare colleghi, partecipare a riunioni e collaborare su progetti come se fossi fisicamente presente.
- **Simulazioni e formazione:** I dipendenti possono apprendere competenze pratiche attraverso simulazioni VR che ricreano situazioni lavorative complesse.
- **Nuove professioni:** Il metaverso creerà carriere innovative come sviluppatori di mondi virtuali, curatori di contenuti immersivi e designer di esperienze digitali.

Esempio pratico: Un'azienda farmaceutica organizza un laboratorio virtuale dove i ricercatori di tutto il mondo collaborano in tempo reale per testare nuovi composti chimici.

2. Apprendere e Formarsi: L'Istruzione Immersiva per Tutte le Età

Il metaverso trasforma l'educazione in un'esperienza interattiva e pratica, abbattendo le barriere geografiche e offrendo opportunità di apprendimento senza precedenti.

Come cambierà l'educazione:

- **Simulazioni realistiche:** Gli studenti possono "viaggiare" nel tempo per assistere ad eventi storici o esplorare l'anatomia umana in 3D.
- **Corsi pratici:** Ingegneri e medici possono imparare attraverso simulazioni avanzate, riducendo i rischi e aumentando la comprensione.

- **Accesso globale:** Lezioni immersive saranno accessibili a chiunque, ovunque, superando le limitazioni economiche e infrastrutturali.

Esempio pratico: Un'università organizza una lezione di archeologia dove gli studenti esplorano una riproduzione virtuale della città di Pompei, scoprendo dettagli inaccessibili nella realtà.

3. Sanità e Benessere: La Cura diventa Digitale

Il metaverso sta rivoluzionando il settore sanitario, offrendo soluzioni che migliorano l'accessibilità, riducono i costi e aumentano la qualità delle cure.

Come cambierà la sanità:

- **Cliniche virtuali:** Visite mediche immersive, dove i pazienti possono consultare specialisti e condividere esami in tempo reale.
- **Riabilitazione immersiva:** Pazienti con problemi motori possono svolgere esercizi in ambienti VR, monitorati da fisioterapisti.
- **Telechirurgia:** Chirurghi possono collaborare a distanza utilizzando simulazioni VR per addestramento o interventi remoti.

Esempio pratico:
Un paziente che vive in una zona remota può accedere a una visita specialistica con un medico in una clinica virtuale, ricevendo una diagnosi rapida e precisa.

4. Viaggiare nel Metaverso: Esplorare il Mondo Senza Limiti

Il metaverso trasforma il turismo in un'esperienza accessibile a tutti, offrendo la possibilità di esplorare luoghi esotici o di rivivere eventi storici senza lasciare casa.

Come cambierà il turismo:

- **Viaggi virtuali:** Esplora monumenti, musei e destinazioni turistiche in modo immersivo, con tour guidati interattivi.

- **Preparazione alle vacanze:** Visualizza hotel, resort e itinerari in 3D prima di prenotare.
- **Accessibilità per tutti:** Persone con disabilità o limiti economici possono vivere esperienze di viaggio realistiche.

Esempio pratico: Un'agenzia di viaggi offre tour VR del Louvre, dove i visitatori possono osservare opere d'arte con dettagli che superano la visione a occhio nudo.

5. Shopping Immersivo: Una Nuova Era del Commercio

Il metaverso sta cambiando il modo in cui compriamo, trasformando lo shopping online in un'esperienza coinvolgente e personalizzata.

Come cambierà il commercio:

- **Prova virtuale dei prodotti:** Visualizza come una cucina si inserisce nella tua casa o come un abito si adatta al tuo corpo attraverso un avatar digitale.
- **Negozi immersivi:** esplora showroom virtuali, interagisci con i prodotti e personalizza gli acquisti in tempo reale.
- **Riduzione dei resi:** Gli utenti possono verificare taglie, misure e funzionalità dei prodotti prima di acquistarli.

Esempio pratico: Un negozio di moda virtuale permette ai clienti di provare abiti su un avatar 3D con le loro misure reali, eliminando l'incertezza sugli acquisti online.

6. Socializzazione e Intrattenimento: Nuovi Modi di Connettersi

Il metaverso crea spazi dove le persone possono interagire in modi innovativi, trasformando le relazioni sociali e l'intrattenimento.

Come cambieranno le interazioni sociali:

- **Eventi virtuali:** Concerti, spettacoli teatrali e festival possono essere vissuti in prima persona, indipendentemente dalla distanza.
- **Gaming interattivo:** I giochi nel metaverso offrono esperienze collaborative che uniscono persone da tutto il mondo.

- **Spazi sociali:** Organizza feste, riunioni o incontri semplici con amici in ambienti virtuali personalizzati.

Esempio pratico: Un cantante organizza un concerto virtuale nel metaverso, dove i fan possono interagire con l'artista e acquistare merchandise esclusivo in NFT.

7. Opportunità Economiche e Professionali: Un Nuovo Ecosistema

Il metaverso non è solo intrattenimento: è un'economia digitale in crescita, con nuove professioni e modi di guadagnare.

Come cambierà l'economia:

- **Creazione di contenuti:** Designer e artisti possono vendere NFT e creare spazi virtuali.
- **Lavoro remoto avanzato:** I professionisti possono offrire consulenze, corsi e servizi in ambienti immersivi.
- **Monetizzazione delle esperienze:** Ogni contributo può essere ricompensato, dal gaming alla creazione di eventi.

Esempio pratico: Un architetto digitale progetta spazi virtuali per aziende, guadagnando commissioni attraverso contratti intelligenti su blockchain.

Il Metaverso è il Futuro

Il metaverso non è solo un luogo digitale, ma una trasformazione radicale che sta cambiando il modo in cui viviamo. Offre nuove opportunità per migliorare il nostro lavoro, la nostra istruzione, la nostra salute e le nostre relazioni. È un mondo dove i limiti fisici e geografici scompaiono, lasciando spazio a un futuro in cui tutto è possibile. Preparati a essere parte di questa rivoluzione, che è appena iniziata!

Capitolo 1: **PER TE**

3. Criptovalute: La Moneta Digitale che Rivoluziona i Pagamenti

3.1 Criptovalute: La Moneta Digitale che Rivoluziona i Pagamenti

Le criptovalute sono molto più di una moneta digitale: rappresentano un nuovo modo di pensare e utilizzare il denaro. La loro differenza rispetto alla moneta tradizionale non è solo tecnica, ma culturale. Con le criptovalute, il potere torna nelle mani delle persone, aprendo un futuro dove il denaro è più equo, sicuro e globale.

La Rivoluzione del Denaro: Dal Baratto alle Criptovaluteù

La moneta, nel corso della storia, ha subito trasformazioni radicali, adattandosi alle necessità di società in continuo cambiamento. Dallo scambio diretto di beni fino all'avvento delle criptovalute, ogni passo ha rappresentato un'evoluzione inevitabile.

1. **Baratto:** I primi sistemi economici si basavano sullo scambio diretto di beni o servizi. Un contadino scambiava grano con una pecora, un fabbro con utensili. Ma questo sistema presentava limiti evidenti: trovare qualcuno che avesse ciò che si cercava e volesse ciò che si offriva era complicato.
2. **Monete metalliche:** Con il tempo, le società iniziarono a usare metalli preziosi come l'oro, l'argento e il bronzo per rappresentare il valore. Le monete erano durevoli, divisibili e universalmente accettate, ma difficili da trasportare in grandi quantità.
3. **Banconote:** Le banconote furono introdotte come ricevute per depositi di oro o argento nelle banche. Questo segnò l'inizio del denaro fiduciario, il cui valore si basava sulla fiducia nelle istituzioni che lo emettevano, non sul suo valore intrinseco.
4. **Assegni e conti correnti:** Con l'ascesa delle banche moderne, il denaro divenne sempre meno tangibile. Gli assegni e i conti correnti permettevano di trasferire grandi somme senza la necessità di spostare fisicamente banconote o monete.

5. **Carte di credito e pagamenti digitali:** Negli ultimi decenni, le carte di credito e le piattaforme di pagamento online hanno reso il denaro ancora più "invisibile". Transazioni istantanee e globali sono diventate la norma, ma il sistema resta centralizzato, dipendente dalle banche e soggetto a commissioni elevate.

6. **Criptovalute:** L'ultimo capitolo di questa evoluzione è rappresentato dalle criptovalute: una moneta digitale, decentralizzata e basata sulla blockchain. Per molti, questo rappresenta il futuro del denaro.

Cosa Sono le Criptovalute e Perché Sono Diverse

Le criptovalute, come Bitcoin, Ethereum e molte altre, sono valute digitali progettate per essere sicure, trasparenti e accessibili a tutti. A differenza della moneta tradizionale, non sono emesse da governi o banche centrali, ma operano su reti decentralizzate.

Differenze chiave rispetto al denaro tradizionale:

- **Decentralizzazione:** Nessuna banca centrale o governo controlla le criptovalute.
- **Trasparenza:** Ogni transazione è registrata su una blockchain pubblica e immutabile.
- **Sicurezza:** La crittografia garantisce che le transazioni siano protette.
- **Offerta limitata:** Ad esempio, Bitcoin ha un tetto massimo di 21 milioni di unità, proteggendo il valore dall'inflazione.

La Storia del Bitcoin: Una Rivoluzione Silenziosa

Bitcoin, la prima criptovaluta, è stato introdotto nel 2009 da una persona o gruppo sotto lo pseudonimo di Satoshi Nakamoto. La sua creazione rispondeva al fallimento delle istituzioni finanziarie durante la crisi del 2008, proponendo un sistema finanziario alternativo e decentralizzato.

Nel 2010, un singolo Bitcoin valeva pochi centesimi. La famosa "Pizza Bitcoin" ne è la prova: un programmatore spese 10.000 Bitcoin per comprare due pizze, dimostrando che la criptovaluta poteva essere usata come mezzo di pagamento. Oggi, quei 10.000 Bitcoin avrebbero un valore superiore agli **850 milioni di euro**.

Una Lezione Personale: Gli Errori del Passato

10 anni fa, ero una delle tante persone che guardavano al Bitcoin con scetticismo. All'epoca, un singolo Bitcoin costava all'incirca **200 euro**, e l'idea di spendere soldi in qualcosa di "invisibile" e apparentemente inutile mi sembrava un'assurdità. "Perché dovrei investire in qualcosa che non posso toccare, vedere o utilizzare?" mi chiedevo.

Non avevo la visione che ho oggi. Mi sembrava di buttare via soldi in un progetto irrealizzabile. Pensavo che il denaro dovesse essere fisico, qualcosa di tangibile, ma questa convinzione mi ha impedito di cogliere una grande opportunità economica.

Oggi, un Bitcoin si avvicina ai 100.000 euro e si parla di diventare una riserva di valore nazionale destinato a preservare valore e proteggere l'economia da svalutazioni monetarie, e non posso fare a meno di pensare a cosa sarebbe successo se avessi avuto il coraggio di crederci allora.

Perché le Criptovalute Sono il Futuro

Anche chi oggi è scettico deve riconoscere che le criptovalute rappresentano un'evoluzione inevitabile del denaro. Ogni progresso nella storia dei pagamenti è stato accolto con resistenza, ma si è sempre dimostrato un passo avanti verso un sistema più efficiente.

Le criptovalute stanno già trasformando il modo in cui trasferiamo valore, investiamo e gestiamo le nostre finanze. Ecco perché:

- **Accesso globale:** Chiunque, ovunque nel mondo, può accedere alle criptovalute con una connessione Internet.
- **Autonomia:** Non dipendono da governi o banche centrali, offrendo un controllo finanziario diretto.
- **Velocità e costi ridotti:** Le transazioni sono rapide e meno costose rispetto ai sistemi bancari tradizionali.

Un'Opportunità da Non Perdere

Oggi le criptovalute sono ancora in una fase relativamente iniziale, simile a quella di Internet negli anni '90. Molti non ne comprendono il potenziale, ma chi investe tempo e risorse per imparare potrebbe essere parte di una rivoluzione finanziaria.

Se c'è una lezione che ho imparato, è che ignorare il cambiamento non lo ferma: lo accelera. Sii curioso, informati e considera come le criptovalute potrebbero diventare parte del tuo futuro. Un futuro digitale dove le criptovalute sono una parte essenziale.

Cos'è una criptovaluta

Una criptovaluta è una forma di denaro digitale basata su tecnologia crittografica per garantire sicurezza, trasparenza e decentralizzazione. Non esiste fisicamente, ma è rappresentata come dati all'interno di una rete blockchain. Ogni criptovaluta è unica e opera secondo le regole del protocollo su cui è costruita.

Caratteristiche principali di una criptovaluta:

- **Digitale:** Esiste solo online, senza un equivalente fisico come banconote o monete.
- **Decentralizzata:** Non è controllata da governi, banche centrali o istituzioni finanziarie.
- **Crittografata:** La sicurezza delle transazioni è garantita da algoritmi avanzati di crittografia.
- **Trasparente:** Tutte le transazioni sono registrate pubblicamente su una blockchain, un registro distribuito e immutabile.

Le differenze principali con la moneta tradizionale

1. **Centralizzazione vs Decentralizzazione:** La moneta tradizionale (o fiat) è emessa e regolata da un'autorità centrale, come una banca centrale o un governo. Ad esempio, l'euro è gestito dalla Banca Centrale Europea, che ne controlla l'emissione e le politiche monetarie.

   Le criptovalute, invece, operano su reti decentralizzate. Nessuna singola entità controlla la loro emissione o gestione. Tutto avviene attraverso un protocollo predeterminato che coinvolge i partecipanti alla rete, chiamati nodi.

   Esempio pratico: Con una moneta tradizionale, una banca può decidere di bloccare il tuo conto o limitare l'accesso ai tuoi fondi. Con una criptovaluta, solo tu hai il controllo del tuo wallet e delle tue transazioni.

2. **Emissione e Inflazione:** La moneta tradizionale può essere stampata o emessa senza limiti da una banca centrale. Questo può portare a inflazione, svalutazione e perdita di potere d'acquisto.

La maggior parte delle criptovalute ha un'offerta limitata e predeterminata. Ad esempio, Bitcoin ha un massimo di 21 milioni di unità che potranno mai essere minate. Questo sistema protegge dalla svalutazione e rende le criptovalute una riserva di valore.

Esempio pratico: Nel 2008, molte banche centrali hanno stampato enormi quantità di denaro per salvare le economie in crisi, causando inflazione. Bitcoin, nato nello stesso anno, è stato progettato per essere immune a questo tipo di manipolazione.

3. **Transazioni Internazionali**: Le monete tradizionali sono limitate da confini nazionali e sistemi bancari. Fare una transazione internazionale con valute fiat può essere lento e costoso, con commissioni elevate e tempi di elaborazione di giorni.
Le criptovalute permettono transazioni quasi istantanee e a basso costo, indipendentemente da dove ti trovi nel mondo. Non ci sono intermediari come banche o cambiavalute, rendendo il processo più veloce e diretto.

Esempio pratico: Inviare denaro da un paese a un altro con una criptovaluta come Bitcoin richiede solo pochi minuti, a differenza dei giorni necessari per un bonifico internazionale.

4. **Anonimato e Privacy**: Con le monete tradizionali, le tue transazioni sono monitorate da banche e istituzioni finanziarie, e spesso devono rispettare regole di identificazione come il KYC (Know Your Customer).
Le criptovalute offrono un maggiore livello di privacy. Anche se tutte le transazioni sono visibili sulla blockchain, non sono legate direttamente alla tua identità personale. Alcune criptovalute, come Monero o Zcash, si concentrano particolarmente sull'anonimato.

Esempio pratico: Usando una criptovaluta, puoi fare acquisti online senza dover fornire i tuoi dati personali o bancari.

5. **Tecnologia e Innovazione**: Le monete tradizionali sono limitate da infrastrutture obsolete e dai tempi di elaborazione

delle banche. Le criptovalute, invece, sono costruite su tecnologie avanzate che permettono innovazioni come smart contract, tokenizzazione di asset e applicazioni decentralizzate (dApp).

Esempio pratico: Con Ethereum, puoi creare contratti intelligenti che automatizzano transazioni o accordi senza bisogno di intermediari legali.

Perché le criptovalute stanno rivoluzionando il sistema monetario

Le criptovalute stanno trasformando il denaro in qualcosa di globale, accessibile e democratico. Ecco perché:

- **Accessibilità universale:** Chiunque con una connessione Internet può accedere e utilizzare criptovalute, anche in paesi senza infrastrutture bancarie.
- **Autonomia finanziaria:** Le persone possono gestire i propri fondi senza bisogno di affidarsi a intermediari o autorità centrali.
- **Innovazione economica:** Le criptovalute aprono la strada a nuovi modelli economici, come le organizzazioni decentralizzate e le economie basate su token.

Le criptovalute sono molto più di una moneta digitale: rappresentano un nuovo modo di pensare e utilizzare il denaro. Con le criptovalute, il potere torna nelle mani delle persone, aprendo un futuro dove il denaro è più equo, sicuro e globale.

3.2. Le cripto valute: Il Cuore del Web3 e del Metaverso.

Le criptovalute sono molto più di una moneta digitale: sono l'elemento chiave che rende possibile il funzionamento nel Web3 e nel metaverso. Non si tratta semplicemente di un nuovo modo per effettuare pagamenti, ma di una tecnologia che intreccia economia, innovazione e libertà personale. Le criptovalute, insieme agli smart contract e alla blockchain, sono i pilastri di un nuovo ecosistema digitale in cui ogni componente è interconnesso e indispensabile.

Un Nuovo Modello di Interazione con Internet

Entrare nel Web3 significa accedere a un Internet completamente nuovo, basato sulla decentralizzazione, sulla trasparenza e sul controllo personale. Ma per muoversi in questo universo non bastano i metodi tradizionali: è necessario un wallet digitale che contenga criptovalute. Senza di esse, non puoi firmare uno smart contract, acquistare un NFT, accedere a esperienze immersive nel metaverso o partecipare alle opportunità offerte dalle organizzazioni autonome decentralizzate (DAO). Le criptovalute sono il "carburante" di questo sistema: non rappresentano solo denaro, ma l'utilizzo.

La Rete di Connessioni tra Criptovalute, Web3 e Metaverso

Immagina di voler partecipare a un evento nel metaverso. Potresti entrare in una galleria d'arte virtuale, acquistare un'opera sotto forma di NFT, oppure partecipare a un corso online in un campus immersivo. In tutti questi casi, il pagamento non avviene con euro o dollari, ma con cripto valute. Allo stesso modo, per accedere a determinati servizi o contratti, è necessario utilizzare smart contract, che richiedono firme digitali garantite dalle criptovalute.

Questa interconnessione rende le criptovalute non solo utili, ma essenziali. Senza di esse, il Web3 e il metaverso restano inaccessibili. Non è solo una questione di tecnologia, ma di un nuovo modo di interagire, lavorare, imparare e vivere esperienze.

I Benefici di Adottare le Criptovalute Oggi

Le criptovalute offrono vantaggi concreti che vanno ben oltre i pagamenti tradizionali. Non sono solo strumenti economici, ma vere e proprie chiavi di accesso a un futuro digitale più libero e inclusivo.

- **Accesso Globale e Libertà Economica**
- **Pagamenti Veloci e Senza Confini**
- **Partecipazione Diretta**

Un Futuro di Opportunità

Prepararsi oggi al mondo delle criptovalute significa abbracciare le opportunità del futuro. Pensaci: negli anni '90, molti non vedevano l'utilità di Internet. Ora non possiamo immaginare la nostra vita senza di esso. Allo stesso modo, le criptovalute e la blockchain stanno aprendo le porte a un nuovo paradigma economico e sociale, un sistema in cui ognuno ha un ruolo attivo e il controllo sui propri dati e risorse.

L'economia digitale del futuro sarà decentralizzata, e le criptovalute saranno al centro di questa trasformazione. Essere pronti ora significa essere protagonisti di questa rivoluzione e non semplici spettatori. Web3, metaverso, criptovalute e smart contract non sono realtà separate: sono parti di uno stesso ingranaggio. Ignorarne uno significa non poter accedere agli altri. Il momento per iniziare a esplorare è adesso.

3.3. Le criptovalute più utilizzate: Bitcoin, Ethereum, Polygon (MATIC) e altre.

Le criptovalute hanno rivoluzionato il mondo della finanza digitale, e alcune di esse si sono affermate come leader indiscussi. Bitcoin, Ethereum e Polygon (MATIC) sono i nomi più conosciuti, ma dietro queste grandi protagoniste ci sono molte altre criptovalute che svolgono ruoli importanti e innovativi nel panorama blockchain. Di seguito, esploriamo le criptovalute principali e altre meno popolari ma altrettanto interessanti.

1. Bitcoin (BTC): Il Pioniere della Rivoluzione

Bitcoin è la prima criptovaluta mai creata, nata nel 2009 grazie a Satoshi Nakamoto. Funziona come una riserva di valore e un mezzo di scambio decentralizzato, spesso considerato "oro digitale". La sua offerta limitata a 21 milioni di unità e la sua sicurezza grazie alla blockchain lo rendono un punto di riferimento per tutto il settore.

2. Ethereum (ETH): La Piattaforma per gli Smart Contract

Ethereum ha introdotto il concetto di smart contract, che permette di eseguire applicazioni decentralizzate (dApp) sulla sua blockchain. Questo lo rende il cuore del Web3 e del metaverso. Ethereum è anche la base per la creazione di token e progetti NFT.

3. Polygon (MATIC): La Soluzione Scalabile

Polygon, inizialmente noto come MATIC, è una soluzione di scaling per Ethereum. Offre transazioni più rapide e a basso costo, facilitando l'adozione di applicazioni decentralizzate. È diventato un punto di riferimento per progetti Web3 grazie alla sua efficienza.

Altre Criptovalute e token Importanti

1. **Binance Coin (BNB):** Creata dall'exchange Binance, è utilizzata per ridurre le commissioni di trading e alimentare l'ecosistema Binance Smart Chain.
2. **Cardano (ADA):** Una blockchain proof-of-stake focalizzata sulla sostenibilità e sulla scalabilità. Spesso utilizzata per progetti educativi e sociali.
3. **Solana (SOL):** Conosciuta per la sua velocità e bassi costi di transazione, è una piattaforma ideale per applicazioni ad alta intensità.
4. **XRP (Ripple):** Progettata per i pagamenti internazionali, XRP mira a rendere le transazioni globali più rapide ed economiche, collaborando con istituzioni finanziarie.
5. **Dogecoin (DOGE):** Nata come una parodia, Dogecoin è diventata una criptovaluta di successo grazie al supporto della comunità e all'adozione per i micro-pagamenti.
6. **Polkadot (DOT):** Una blockchain che consente la connessione tra diverse reti blockchain, promuovendo l'interoperabilità.
7. **Litecoin (LTC):** Spesso definita l'argento rispetto all'oro di Bitcoin, Litecoin offre transazioni più rapide ed economiche.
8. **Avalanche (AVAX):** Una blockchain ad alta velocità che supporta la creazione di dApp e la tokenizzazione di asset.
9. **Chainlink (LINK):** Una rete di oracoli decentralizzati che connette contratti intelligenti con dati del mondo reale.
10. **Uniswap (UNI):** Un protocollo decentralizzato per lo scambio di criptovalute basato su Ethereum, leader nel settore della finanza decentralizzata (DeFi).

Perché è Importante Conoscere Diverse Criptovalute

Ogni criptovaluta ha un ruolo specifico e risponde a esigenze diverse. Bitcoin ed Ethereum dominano il mercato, ma altre criptovalute, come Polygon, Solana e Cardano, offrono soluzioni innovative per scalabilità, sostenibilità e interoperabilità. Comprendere la diversità del settore permette di sfruttare al meglio le opportunità offerte dal Web3, dal metaverso e dalla finanza decentralizzata. La scelta della criptovaluta dipende dai tuoi obiettivi, che si tratti di investimento, partecipazione a progetti innovativi o semplice utilizzo quotidiano.

3.4. Come iniziare a usare le criptovalute: guida pratica per principianti

Ora che hai un'idea di cosa siano le criptovalute e come funzionino, è il momento di passare dalla teoria alla pratica.
Iniziare a usare le criptovalute può sembrare complicato, ma grazie a piattaforme semplici e intuitive e a strumenti innovativi, è più accessibile che mai. Inoltre, alcune piattaforme ti offrono la possibilità di imparare e guadagnare criptovalute allo stesso tempo, rendendo l'ingresso nel mondo delle criptovalute un'esperienza educativa e remunerativa.

1. Alcune Piattaforme per Iniziare

Crypto.com
Crypto.com è una delle piattaforme più complete per i principianti. Oltre a permetterti di acquistare e conservare criptovalute, offre una carta prepagata che ti consente di spendere il tuo cripto nella vita quotidiana. L'app fornisce anche cashback in criptovalute su ogni acquisto.

Coinbase
Coinbase è nota per la sua interfaccia user-friendly ed è ideale per chi inizia. Offre una sezione chiamata **Coinbase Earn**, dove puoi seguire brevi corsi in lingua inglese su diverse criptovalute e ricevere piccole quantità di cripto come ricompensa per ogni lezione completata. È un modo eccellente per imparare e iniziare senza rischiare denaro.

Yang Platform
Yang Platform è una piattaforma italiana che mira a rendere le criptovalute accessibili a tutti. Offre strumenti per l'acquisto e la vendita di cripto, oltre a una community attiva e risorse educative in italiano per principianti.

2. Guadagnare Criptovalute Senza Investire: App e Programmi Innovativi

Per chi vuole iniziare senza dover investire soldi propri, ci sono ormai da anni diverse applicazioni e piattaforme che ti ricompensano con criptovalute per attività semplici, come camminare o imparare.

Sweatcoin

Sweatcoin è un'app che ti premia in **Sweat**, una criptovaluta dedicata, per ogni passo che fai. Puoi scambiare i tuoi Sweatcoin per premi, donazioni o altre criptovalute.

STEPN

STEPN combina il concetto di fitness con il guadagno in criptovalute. Collegata a **Yang Platform**, ti permette di guadagnare cripto per ogni chilometro che percorri. È consigliabile ma non indispensabile possedere NFT di scarpe digitali per massimizzare i guadagni.

Movecoin

Simile a Sweatcoin, Movecoin è un'app italiana che ti ricompensa in criptovalute per le tue attività fisiche. È particolarmente apprezzata da chi vuole monetizzare i propri sforzi senza ulteriori investimenti.

3. Come Iniziare

a. Scegli una Piattaforma

Iscriviti a una delle piattaforme elencate sopra in base alle tue esigenze. Coinbase, Binance, Crypto.com sono ottime scelte per chi cerca semplicità e risorse educative, mentre Yang Platform è perfetta per chi preferisce un'opzione italiana.

b. Crea un Wallet

Dopo aver scelto una piattaforma, crea un wallet per conservare le tue criptovalute. Puoi iniziare con un **hot wallet** (come Trust Wallet o MetaMask per transazioni quotidiane o piccole quantità di criptovalute) per praticità, e successivamente passare a un **cold wallet** (come Ledger se vuoi conservare criptovalute in modo sicuro per lungo tempo) per maggiore sicurezza.

c. Inizia a Guadagnare o Acquistare

- **Se vuoi guadagnare senza investire:** Iscriviti a Coinbase Earn o utilizza app come Sweatcoin e STEPN per accumulare criptovalute.
- **Se vuoi investire:** Acquista piccole quantità di criptovalute come Polygon (MATIC), Cardano (ADA) o Solana (SOL), che sono economiche e promettenti per i principianti.

d. Usa le Tue Criptovalute

Puoi iniziare a usare le tue criptovalute per:

- Acquistare beni e servizi su piattaforme che accettano cripto.
- Partecipare al Web3, firmando smart contract o acquistando NFT.
- Investire in staking o liquidity pool per generare rendite passive.

4. Consigli per Principianti

1. **Inizia con piccole somme:** Non serve un grande investimento per iniziare. Puoi esplorare il mondo delle criptovalute anche con pochi euro o attraverso app che ti premiano.
2. **Impara mentre usi:** Piattaforme come Coinbase e Yang Platform offrono corsi gratuiti che ti aiutano a comprendere meglio il funzionamento delle cripto.
3. **Mantieni la sicurezza:** Conserva sempre le tue chiavi private in un luogo sicuro. Non condividerle con nessuno.
4. **Familiarizza con le app:** Dedica tempo a esplorare le funzionalità di wallet e exchange per sentirti più sicuro.
5. **Attenzione ai Dettagli: Proteggere le Tue Criptovalute e Prevenire Errori**

Entrare nel mondo delle criptovalute richiede attenzione ai dettagli. Due aspetti fondamentali da comprendere e rispettare sono **gli indirizzi di wallet specifici per ogni criptovaluta** e la gestione delle **parole chiave di recupero (seed phrase)**. Una svista in questi ambiti può comportare la perdita irreversibile dei tuoi fondi.

1. Indirizzi di Wallet e Reti di Trasferimento

Ogni criptovaluta ha un proprio **indirizzo univoco** all'interno del tuo wallet. Questo indirizzo funziona come un codice IBAN per ricevere e inviare criptovalute, ma con una differenza importante: **ogni criptovaluta ha il proprio indirizzo separato**. Ad esempio, non puoi inviare Bitcoin (BTC) a un indirizzo Ethereum (ETH), e ogni transazione deve avvenire sulla rete corretta.

Come evitare errori:

- **Usa l'indirizzo giusto:** Quando trasferisci criptovalute, assicurati che l'indirizzo del destinatario sia corretto e appartenga alla stessa criptovaluta.
  Esempio pratico: Se stai trasferendo Ethereum, usa l'indirizzo Ethereum del wallet di destinazione, non quello Bitcoin o Polygon.
- **Controlla la rete di trasferimento:** Molte criptovalute, come USDT (Tether), sono compatibili con più reti (Ethereum, Binance Smart Chain, Tron, ecc.). Devi assicurarti che la rete selezionata nel wallet di partenza sia la stessa di quella del wallet di destinazione.
  - *Esempio pratico:* Se invii USDT su rete Binance Smart Chain (BEP-20), il wallet destinatario deve essere configurato per ricevere USDT sulla stessa rete. Se le reti non coincidono, la transazione andrà persa.
- **Effettua una prova con piccole somme:** Per ridurre i rischi, trasferisci prima una piccola quantità di criptovaluta. Questo ti permette di verificare che l'indirizzo e la rete siano corretti.

2. Parole Chiave di Recupero (Seed Phrase): La Tua Vita Finanziaria in 12 o 24 Parole

Quando crei un wallet, ti verrà fornita una **seed phrase**, ossia una serie di 12 o 24 parole generate in modo casuale. Questa frase è l'unico modo per recuperare l'accesso al tuo wallet se perdi il dispositivo o dimentichi la password. È fondamentale trattarla con la massima cura.

Regole d'oro per la gestione della seed phrase:

- **Conservala offline:** Scrivi la seed phrase su un foglio di carta e custodiscila in un luogo sicuro, come una cassaforte. Non salvarla mai su dispositivi connessi a Internet, come smartphone o computer, per evitare che venga rubata.

- **Non condividerla mai con nessuno:** Nemmeno con amici, familiari o persone che affermano di essere rappresentanti della piattaforma. Nessuna azienda legittima ti chiederà mai la seed phrase.
  - o *Attenzione alle frodi:* I truffatori potrebbero contattarti fingendosi membri del supporto tecnico, chiedendo la tua seed phrase per risolvere un problema. Questo è un tentativo di frode.
- **Non perderla:** Se perdi la seed phrase, perderai l'accesso al wallet e a tutte le criptovalute contenute. Non esiste un modo per recuperarla senza la frase.

Cosa fare per proteggerti:

- Scrivi la seed phrase su carta in almeno due copie e conservale in luoghi separati e sicuri.
- Non fotografarla, non salvarla sul cloud e non inviarla tramite email.
- Usa strumenti aggiuntivi, come l'incisione su una placca metallica, per proteggerla da danni fisici come incendi o allagamenti.

Iniziare a usare le criptovalute non significa solo entrare in un nuovo sistema finanziario, ma anche esplorare opportunità uniche di guadagno, apprendimento e interazione digitale. Grazie a piattaforme educative e app innovative, chiunque può avvicinarsi al mondo delle cripto, indipendentemente dal budget iniziale. Non importa se hai pochi euro da investire o se preferisci guadagnare camminando: il futuro delle criptovalute è accessibile a tutti basta iniziare.

Capitolo 1: PER TE

4. Portafoglio: Il Tuo Portafoglio Digitale Personale

4.1. Cos'è un Wallet e Come Funziona: Custodire Criptovalute e Firmare Contratti Intelligenti

Un **wallet** è uno strumento essenziale per chi vuole utilizzare le criptovalute. È l'equivalente digitale di un portafoglio fisico, ma invece di conservare banconote o carte, custodisce le chiavi crittografiche necessarie per accedere alle tue criptovalute e interagire con la blockchain. I wallet ti permettono di inviare e ricevere criptovalute, monitorare il tuo saldo e firmare contratti intelligenti.

1. Come Funziona un Wallet

Un wallet non conserva realmente le criptovalute, ma memorizza le chiavi crittografiche che consentono di accedere ai tuoi fondi sulla blockchain. Esistono due chiavi principali:

- **Chiave pubblica:** L'indirizzo del wallet che puoi condividere per ricevere criptovalute.
- **Chiave privata:** Una "password" segreta che ti permette di accedere ai tuoi fondi e firmare transazioni. Questa chiave deve essere protetta e mai condivisa.

2. Tipi di Wallet

a. Hot Wallet (Online)

Questi wallet sono connessi a Internet e offrono facilità d'uso per transazioni frequenti.

- **Esempi:** MetaMask, Trust Wallet, Coinbase Wallet.
- **Vantaggi:** Accesso rapido e gratuito, facile da configurare.
- **Svantaggi:** Maggiore rischio di hackeraggio rispetto ai wallet offline.

b. Cold Wallet (Offline)

Questi wallet conservano le chiavi offline, garantendo una maggiore sicurezza.

- **Esempi:** Ledger, Trezor (hardware wallet); paper wallet.
- **Vantaggi:** Massima protezione contro gli attacchi informatici.

- **Svantaggi:** Meno pratici per transazioni frequenti e più costosi.

3. Funzioni Principali di un Wallet

a. Custodire Criptovalute

Il wallet ti consente di conservare in modo sicuro le criptovalute che possiedi, come Bitcoin, Ethereum o Polygon. Ogni criptovaluta ha il proprio indirizzo univoco nel wallet, e puoi gestirle tutte da un'unica interfaccia.

Come funziona:

- Quando qualcuno ti invia criptovalute, queste vengono registrate sulla blockchain e associate al tuo indirizzo pubblico.
- Il wallet ti permette di visualizzare e gestire il saldo associato a quell'indirizzo.

b. Firmare Contratti Intelligenti

Un'altra funzione chiave del wallet è la possibilità di firmare **smart contract**, ovvero contratti digitali auto-eseguibili che operano sulla blockchain.

Come funziona:

- Quando interagisci con una dApp (come acquistare un-NFT su OpenSea), la piattaforma invia una richiesta al tuo wallet per firmare il contratto.
- Il wallet verifica che tu abbia i fondi necessari e ti mostra i dettagli del contratto.
- Dopo la tua approvazione, lo smart contract viene eseguito e registrato sulla blockchain.

4. Come Creare e Utilizzare un Wallet

a. Creazione

1. Scarica un wallet (ad esempio, MetaMask o Trust Wallet).
2. Segui le istruzioni per creare un nuovo account.

3. Annota la **seed phrase** (frase di recupero): una serie di 12-24 parole che serve per recuperare l'accesso al wallet. Conserva questa frase in un luogo sicuro.

b. Utilizzo

- **Ricevere criptovalute:** Condividi il tuo indirizzo pubblico con chi ti deve inviare fondi.
- **Inviare criptovalute:** Inserisci l'indirizzo del destinatario, l'importo e firma la transazione con il tuo wallet.
- **Interagire con dApp:** Collega il wallet alla piattaforma desiderata, come OpenSea o Uniswap, per firmare contratti intelligenti o effettuare transazioni.

5. Consigli per Utilizzare un Wallet in Sicurezza

1. **Proteggi la chiave privata e la seed phrase:** Non condividerle mai con nessuno, nemmeno con chi si presenta come supporto tecnico.
2. **Verifica gli indirizzi:** Controlla sempre che l'indirizzo del destinatario sia corretto prima di inviare criptovalute.
3. **Usa un cold wallet per grandi somme:** Se possiedi criptovalute di valore significativo, considera un hardware wallet per maggiore sicurezza.
4. **Aggiorna regolarmente:** Mantieni il wallet e il dispositivo aggiornati per proteggerti da vulnerabilità.

Un wallet è molto più di un semplice strumento per conservare criptovalute: è la chiave per interagire con la blockchain e sfruttare il pieno potenziale del Web3. Con un wallet, puoi non solo custodire i tuoi fondi in modo sicuro, ma anche partecipare ad attività avanzate come la firma di smart contract per NFT, DeFi e molto altro. Imparare a gestirlo con attenzione è fondamentale per navigare in sicurezza nel mondo delle criptovalute.

4.2. Tipi di Portafoglio: Custodiale e Non

Custodiale, Vantaggi e Svantaggi

Quando si entra nel mondo delle criptovalute, scegliere il tipo di portafoglio (o wallet) è fondamentale. I wallet si dividono in due categorie principali: **custodiali** e **non custodiali**. Entrambi offrono vantaggi e svantaggi, e la scelta dipende dalle tue esigenze di sicurezza, controllo e praticità.

1. Wallet Custodiali

Un **wallet custodiale** è un portafoglio in cui una piattaforma o un servizio terzo (come un exchange) conserva le chiavi private per tuo conto. In altre parole, non sei tu a gestire direttamente le chiavi del wallet.

Come Funzionano

- La piattaforma (ad esempio, Binance, Coinbase o Crypto.com) crea e conserva le chiavi private associate al tuo indirizzo di wallet.
- Tu accedi al wallet tramite il tuo account sulla piattaforma, usando un nome utente e una password.

Vantaggi

1. **Facilità d'uso:** Ideale per principianti grazie a interfacce intuitive. Non devi gestire direttamente le chiavi private.
2. **Recupero dell'accesso:** Se perdi l'accesso al tuo account, puoi recuperarlo tramite il supporto della piattaforma.
3. **Integrazione con servizi:** Molti wallet custodiali sono integrati con exchange, facilitando lo scambio e l'acquisto di criptovalute.

Svantaggi

1. **Dipendenza da terzi:** Non hai il controllo completo delle tue criptovalute; la piattaforma potrebbe essere hackerata o bloccarti l'accesso.
2. **Sicurezza limitata:** La custodia delle chiavi da parte di terzi espone i tuoi fondi a rischi di vulnerabilità della piattaforma.
3. **Non ideale per grandi somme:** Per chi detiene fondi significativi, la mancanza di controllo diretto è un problema.

2. Wallet Non Custodiali

Un **wallet non custodiale** è un portafoglio in cui tu gestisci direttamente le chiavi private. Questo significa che hai il pieno controllo delle tue criptovalute, ma anche la responsabilità di mantenerle al sicuro.

Come Funzionano

- Quando crei un wallet, ti viene fornita una **seed phrase** (12 o 24 parole) che rappresenta la tua chiave privata.
- La gestione delle chiavi e l'accesso al wallet sono interamente sotto la tua responsabilità.

Vantaggi

1. **Controllo totale:** Solo tu hai accesso alle chiavi private, quindi nessuno può bloccare o confiscare i tuoi fondi.
2. **Sicurezza maggiore:** Non dipendi da terze parti, riducendo il rischio di hacking su piattaforme centralizzate.
3. **Accesso al Web3:** I wallet non custodiali sono ideali per firmare smart contract e interagire con dApp.

Svantaggi

1. **Responsabilità completa:** Se perdi la seed phrase o le chiavi private, non c'è modo di recuperare l'accesso.
2. **Curva di apprendimento:** Richiede un po' di esperienza per configurare e utilizzare correttamente il wallet.
3. **Non intuitivo per principianti:** Può risultare complesso per chi non è familiare con il mondo delle criptovalute.

---

3. Differenza tra App della Piattaforma e Wallet Non Custodiale

Caratteristica	App della Piattaforma (Custodiale)	Wallet Non Custodiale
Chiavi private	Gestite dalla piattaforma	Gestite dall'utente
Controllo	Limitato	Totale
Facilità d'uso	Alta	Media

Caratteristica	App della Piattaforma (Custodiale)	Wallet Non Custodiale
Recupero account	Possibile tramite supporto	Impossibile senza seed phrase
Accesso a	Limitato	Completo
Sicurezza	Dipende dalla piattaforma	Dipende dall'utente

4. Quale Scegliere?

Wallet Custodiale

- **Ideale per:**
  - o Principianti che vogliono un approccio semplice.
  - o Chi effettua transazioni frequenti e preferisce un'interfaccia user-friendly.
- **Esempio d'uso:**
  - o Acquistare criptovalute su Coinbase e conservarle nella stessa piattaforma.

Wallet Non Custodiale

- **Ideale per:**
  - o Utenti esperti che vogliono il pieno controllo dei propri fondi.
  - o Chi interagisce con dApp, Web3 e smart contract.
- **Esempio d'uso:**
  - o Conservare grandi somme di criptovalute su un Ledger per massima sicurezza.

La scelta tra wallet custodiale e non custodiale dipende dalle tue esigenze e dal tuo livello di esperienza. I wallet custodiali offrono comodità e supporto, ma con meno controllo. I wallet non custodiali, invece, garantiscono autonomia e sicurezza, ma richiedono maggiore attenzione. Per iniziare, puoi combinare entrambi: usa un custodiale per transazioni quotidiane e un non custodiale per conservare fondi a lungo termine.

4.3. Come Configurare un Portafoglio: Passaggi Semplici e Sicuri per Iniziare

Impostare un portafoglio per criptovalute è il primo passo per entrare nel mondo della blockchain. Utilizzando un esempio come **Crypto.com**, ecco una guida chiara e dettagliata per configurare il tuo wallet in modo sicuro e iniziare a usarlo.

1. Scarica l'Applicazione

Il primo passo è scaricare l'app ufficiale del wallet dalla piattaforma scelta. Per Crypto.com:

- Vai sull'**App Store (iOS)** o **Google Play Store (Android)**.
- Cerca **Crypto.com App** e/o **Crypto.com DeFi Wallet**, a seconda delle tue esigenze:
  - **Crypto.com App:** Wallet custodiale integrato con l'exchange.
  - **Crypto.com DeFi Wallet:** Wallet non custodiale per il pieno controllo delle chiavi private.
- Scarica e installa l'app.

2. Crea un Nuovo Account

Una volta installata l'app, segui questi passaggi:

1. **Registrazione:**
   - Apri l'app e seleziona "Crea Nuovo Account" o "Set Up Wallet".
   - Inserisci il tuo indirizzo email e crea una password sicura.
2. **Verifica dell'identità (KYC):** *(Necessario per l'App Crypto.com custodiale)*
   - Fornisci informazioni personali come nome, cognome e data di nascita.
   - Carica una copia del tuo documento di identità (carta d'identità o passaporto).

o Completa il processo con un selfie per verificare la tua identità.

3. Imposta il Tuo Wallet

Dopo aver creato il tuo account, è il momento di configurare il wallet:

1. **Wallet Non Custodiale (Crypto.com DeFi Wallet):**
   o Ti verrà fornita una **seed phrase** (12 o 24 parole).
   o **Scrivi queste parole su carta** e conservale in un luogo sicuro. Non salvarle su dispositivi connessi a Internet.
   o Conferma la seed phrase inserendo le parole in ordine quando richiesto.
2. **Wallet Custodiale (Crypto.com App):**
   o Nessuna seed phrase richiesta, poiché le chiavi private sono gestite dalla piattaforma.
   o Verifica che l'account sia attivo e pronto per l'uso.

4. Aggiungi Fondi al Wallet

Per iniziare a utilizzare il tuo wallet, devi aggiungere criptovalute. Ci sono due opzioni principali:

1. **Acquista direttamente sull'app:**
   o Vai nella sezione **Buy Crypto**.
   o Seleziona la criptovaluta che desideri acquistare (ad esempio, Bitcoin, Ethereum, Solana, Shiba Inu ect.).
   o Aggiungi un metodo di pagamento (carta di credito, debito o bonifico bancario).
2. **Trasferisci da un altro wallet o exchange:**
   o Copia l'indirizzo del tuo wallet (disponibile nella sezione **Receive**).
   o Invia criptovalute dal wallet o exchange da cui desideri trasferire.
   o Controlla che la rete di trasferimento (es. ERC-20 per Ethereum) corrisponda a quella del tuo wallet per evitare errori.

5. Proteggi il Tuo Wallet

La sicurezza è fondamentale per proteggere le tue criptovalute. Segui questi passaggi:

- **Abilita l'autenticazione a due fattori (2FA):**
  - Vai nelle impostazioni dell'app e attiva il 2FA. Usa un'app di autenticazione come Google Authenticator.
- **Imposta un PIN sicuro:**
  - Scegli un codice PIN per accedere rapidamente al wallet.
- **Evita link sospetti:** Non cliccare su link o email che richiedono informazioni sensibili, come la seed phrase o il PIN.

6. Inizia a Usare il Wallet

Ora che il tuo wallet è configurato, puoi iniziare a utilizzarlo per:

- **Inviare criptovalute:** Inserisci l'indirizzo del destinatario, l'importo e conferma la transazione.
- **Ricevere criptovalute:** Condividi il tuo indirizzo pubblico con chi desidera inviarti fondi.
- **Esplorare applicazioni decentralizzate (dApp):** Collega il DeFi Wallet a piattaforme come Uniswap o OpenSea per interagire con smart contract.

7. Consigli per Principianti

1. **Conserva al sicuro la seed phrase:** È l'unico modo per recuperare il wallet in caso di smarrimento.
2. **Inizia con piccole somme:** Per familiarizzare con il wallet, trasferisci importi ridotti.
3. **Monitora le gas fee:** Le commissioni di rete possono variare, quindi controlla i costi prima di confermare una transazione.
4. **Usa un wallet non custodiale per somme importanti:** Per una maggiore sicurezza, considera un hardware wallet come Ledger.

Seguendo questi semplici passaggi, puoi configurare il tuo wallet e iniziare a utilizzare criptovalute in modo sicuro ed efficiente, sfruttando tutte le opportunità offerte dal mondo digitale.

Capitolo 1: **PER TE**

5. Smart Contract: Contratti Intelligenti, la Base dell'Automazione Digitale

5.1. **Cosa sono e come funzionano gli smart contract.**

Gli **smart contract** sono uno degli elementi chiave che distinguono le criptovalute e la blockchain dalle tecnologie tradizionali. Sono programmi informatici che eseguono automaticamente istruzioni predefinite quando vengono soddisfatte determinate condizioni, eliminando la necessità di intermediari come avvocati, notai o aziende di fiducia.

Immagina un contratto che si auto-esegue senza bisogno di controllo umano, garantendo che tutte le parti coinvolte rispettino i termini stabiliti. Questa è l'essenza degli smart contract.

Smart Contract

Uno smart contract è un contratto digitale basato su una blockchain. Non è un documento cartaceo, ma un codice che contiene istruzioni programmate per eseguire automaticamente azioni una volta soddisfatte determinate condizioni.

Caratteristiche principali:

1. **Autonomia:** Si eseguono automaticamente senza intervento umano.
2. **Immutabilità:** Una volta creato, il codice non può essere modificato, garantendo che le regole rimangano sempre le stesse.
3. **Trasparenza:** Tutti gli smart contract sono visibili sulla blockchain, garantendo la massima trasparenza.
4. **Affidabilità:** Non è necessaria la fiducia tra le parti, poiché l'esecuzione è garantita dal codice.

Come Funzionano gli Smart Contract

Gli smart contract funzionano su piattaforme blockchain, come Ethereum, che supportano linguaggi di programmazione per la creazione di contratti intelligenti.

1. Creazione

Un programmatore scrive il contratto utilizzando un linguaggio di programmazione specifico per la blockchain. Ad esempio, Ethereum utilizza **Solidity**, un linguaggio simile a JavaScript.

Esempio:
Un venditore crea un contratto per vendere un prodotto digitale. Il codice stabilisce che, quando il pagamento viene ricevuto, il prodotto sarà inviato automaticamente all'acquirente.

2. Implementazione sulla Blockchain

Il contratto viene caricato sulla blockchain e riceve un indirizzo univoco. Questo lo rende pubblico e accessibile a chiunque. Una volta sulla blockchain, non può essere modificato.

Nota:
Questo passaggio garantisce che il contratto sia trasparente e protetto da manomissioni.

3. Esecuzione Automatica

Quando le condizioni programmate vengono soddisfatte, il contratto si esegue automaticamente. Non è necessario l'intervento di terze parti.

Esempio pratico:

- Un cliente invia 1 ETH al contratto intelligente per acquistare un NFT.
- Lo smart contract verifica il pagamento e trasferisce automaticamente l'NFT al wallet del cliente.

4. Memorizzazione dei Risultati

Ogni azione completata dallo smart contract viene registrata sulla blockchain. Questo garantisce che tutte le transazioni siano tracciabili e permanenti.

Esempio:
La transazione del cliente e il trasferimento dell'NFT vengono memorizzati sulla blockchain, fungendo da prova dell'avvenuto scambio.

Vantaggi degli Smart Contract

1. **Automazione:**
   Tutto avviene automaticamente, riducendo errori umani e ritardi. *Esempio:* Pagamenti immediati al raggiungimento di una soglia predefinita.
2. **Trasparenza:**
   Essendo pubblici, tutti possono verificare le regole del contratto. *Esempio:* Chiunque può controllare che un progetto di crowdfunding utilizzi i fondi in modo corretto.
3. **Costi**   **Ridotti:**
   Eliminano la necessità di intermediari, riducendo i costi. *Esempio:* Un contratto per l'affitto di una casa può essere gestito senza un agente immobiliare.
4. **Sicurezza:**
   Una volta sulla blockchain, gli smart contract non possono essere modificati   o   manomessi. *Esempio:* Garantiscono che i fondi vengano utilizzati solo per gli scopi stabiliti.
5. **Efficienza:**
   Accelerano i processi, soprattutto in contesti complessi. *Esempio:* Liquidazione automatica di un'assicurazione al verificarsi di un evento.

Applicazioni Pratiche

1. **Commercio e Pagamenti:**
   Contratti per automatizzare pagamenti e spedizioni.

o *Esempio:* Un venditore online riceve il pagamento in criptovaluta, e lo smart contract spedisce automaticamente l'ordine.

2. **Crowdfunding:**
I fondi vengono rilasciati solo se il progetto raggiunge l'obiettivo finanziario.
   o *Esempio:* Una startup raccoglie fondi, e lo smart contract restituisce i soldi ai finanziatori se l'obiettivo non viene raggiunto.

3. **Assicurazioni:**
Liquidazione automatica delle polizze in base a eventi verificati.
   o *Esempio:* Una polizza di viaggio rimborsa automaticamente il cliente se il volo è cancellato.

4. **NFT e Arte Digitale:**
Gestione della proprietà e distribuzione automatica delle royalties.
   o *Esempio:* Un artista riceve una percentuale di ogni vendita futura del proprio NFT.

5. **Settore Immobiliare:**
Acquisti e affitti gestiti tramite blockchain.
   o *Esempio:* Un contratto di affitto invia automaticamente il pagamento al proprietario ogni mese.

Gli smart contract rappresentano una rivoluzione per il mondo digitale, rendendo più sicuri, veloci e trasparenti molti processi tradizionali. Pur con alcune limitazioni, il loro potenziale è enorme, e stanno già trasformando settori come il commercio, la finanza e l'arte. Capire come funzionano e come utilizzarli è essenziale per partecipare attivamente al futuro del Web3 e della blockchain.

5.2. Esempi pratici: automatizzare pagamenti, iscrizioni a corsi online, gestione di beni digitali.

Esempio Reale: Pubblicare un NFT su una Piattaforma Come Zora

Pubblicare un NFT (Non-Fungible Token) su una piattaforma come **Zora.co** è un processo che sfrutta la potenza degli smart contract per rendere l'operazione sicura e trasparente. Ecco un esempio pratico perfezionato e dettagliato per guidarti attraverso ogni fase:

1. Collega il tuo Wallet alla Piattaforma

Per iniziare, devi collegare il tuo **wallet digitale** alla piattaforma **Zora.co**. Il wallet, come **MetaMask**, è essenziale perché:

- Ti permette di interagire con la blockchain.
- Contiene i fondi necessari per pagare le commissioni di transazione (gas fees).
- Firma lo smart contract per finalizzare la pubblicazione.

Come fare:

1. Accedi a Zora.co e clicca su "Connect Wallet" (Collega Wallet).
2. Seleziona il tuo wallet (ad esempio, MetaMask, Coinbase).
3. Conferma la connessione tramite l'app del wallet, accettando la richiesta di autorizzazione.

2. Inizia la Pubblicazione dell'NFT

Una volta collegato il wallet, puoi procedere con la creazione e pubblicazione del tuo NFT. Zora.co offre un'interfaccia semplice per caricare e configurare il tuo asset digitale.

Passaggi principali:

1. **Carica il file:** Inserisci il file digitale che vuoi trasformare in NFT (immagine, video, audio, ecc.).
2. **Compila i dettagli:** Inserisci il titolo, la descrizione e altre informazioni rilevanti. Questi dettagli saranno visibili agli acquirenti.
3. **Definisci il numero di esemplari:** Scegli se creare un NFT unico (1/1) o una collezione con più esemplari (ad esempio, 100).
4. **Imposta il prezzo:** Decidi il prezzo di vendita in criptovaluta (come ETH). Puoi anche scegliere opzioni avanzate come asta o prezzo fisso.

3. Firma lo Smart Contract

Dopo aver configurato l'NFT, è il momento di finalizzare la pubblicazione. Per farlo, devi **firmare uno smart contract** tramite il tuo wallet. Lo smart contract specifica i dettagli del tuo NFT, come la proprietà, il prezzo e il numero di esemplari.

Esempio pratico di interazione:

1. Quando clicchi su "Pubblica" su Zora.co, la piattaforma invia una richiesta al tuo wallet per approvare lo smart contract.
2. Ricevi una **notifica sul tuo wallet (MetaMask),** con il contratto precompilato. Questo contratto include:
   o L'indirizzo dell'NFT sulla blockchain.
   o I dettagli del prezzo e dei termini di vendita.
   o La commissione di gas per la transazione.
3. Dal wallet, visualizzi un riepilogo del contratto e i costi associati (es. ETH per le gas fees).
4. Clicca su **"Accetta" o "Conferma"** per firmare lo smart contract.

4. L'NFT È Pubblicato

Dopo la firma, il contratto viene inviato alla blockchain, e il tuo NFT viene creato e reso disponibile per la vendita sulla piattaforma. La blockchain registra:

- La tua proprietà sull'NFT.
- Il prezzo e i termini stabiliti.
- La visibilità dell'NFT su Zora.co o altre piattaforme compatibili.

Vantaggi dell'Utilizzo degli Smart Contract per Pubblicare un NFT

1. **Sicurezza:** L'NFT viene pubblicato direttamente sulla blockchain, e tutte le informazioni sono immutabili e verificabili.
2. **Automazione:** Lo smart contract gestisce automaticamente i termini di vendita e la proprietà.
3. **Trasparenza:** Gli acquirenti possono verificare i dettagli del tuo NFT senza intermediari.

Consigli per Evitare Errori

- **Rivedi i dettagli:** Prima di firmare lo smart contract, controlla che i termini siano corretti (prezzo, quantità, ecc.).
- **Stai attento alle frodi:** Usa solo piattaforme affidabili come Zora.co e verifica che il wallet sia collegato correttamente.
- **Gestisci le gas fees:** Le gas fees possono essere elevate. Scegli orari in cui la rete è meno congestionata per risparmiare.

Seguendo questi passaggi, puoi pubblicare il tuo NFT in modo professionale e sicuro, sfruttando al massimo il potenziale degli smart contract.

Altri esempi di utilizzo:

1. Automatizzare Pagamenti

Gli smart contract possono eliminare l'intervento umano nei pagamenti ricorrenti o nei trasferimenti di fondi, garantendo che i termini siano rispettati automaticamente.

Esempio: **Affitti**   **Mensili**
Immagina di essere un proprietario che affitta un appartamento. Con uno smart contract, puoi automatizzare il pagamento dell'affitto:

- L'inquilino deposita criptovalute nel contratto intelligente.
- Il contratto verifica automaticamente se l'importo concordato è disponibile entro la data stabilita.
- Se il pagamento è corretto, il contratto trasferisce i fondi al wallet del proprietario.
- Se il pagamento non avviene, il contratto può attivare una clausola, ad esempio un avviso o una penalità.

Vantaggi:

- Nessun bisogno di ricordare le scadenze.
- Trasparenza e tracciabilità dei pagamenti.
- Eliminazione di conflitti sui tempi o sulle modalità di pagamento.

2. Iscrizioni a Corsi Online

Gli smart contract possono gestire l'accesso a corsi online in modo completamente automatizzato, rendendo il processo semplice e sicuro sia per gli studenti che per le piattaforme educative.

Esempio: Accesso a una Masterclass

- Uno studente paga il costo di un corso inviando criptovalute a uno smart contract.
- Il contratto verifica il pagamento e invia automaticamente le credenziali di accesso al corso.
- Se lo studente richiede un rimborso (ad esempio, entro un periodo di prova), lo smart contract può restituire i fondi in base alle condizioni stabilite.

Vantaggi:

- Nessuna necessità di intermediari come piattaforme di pagamento o amministratori.
- Trasparenza nei rimborsi e nei termini di accesso.
- Riduzione dei costi amministrativi.

3. Gestione di Beni Digitali

Gli smart contract sono ideali per gestire la proprietà e il trasferimento di beni digitali, musica, video o diritti d'autore.

Esempio - Vendita di NFT: Un artista crea un NFT per una sua opera digitale (ad esempio, un quadro digitale o una canzone). Lo smart contract gestisce:

1. La vendita iniziale: L'acquirente paga il prezzo stabilito e riceve l'NFT nel proprio wallet.
2. Le vendite successive: Se l'acquirente rivende l'NFT, il contratto trasferisce automaticamente una percentuale del guadagno all'artista come royalty.
3. La tracciabilità: Ogni transazione relativa all'NFT è registrata sulla blockchain.

Esempio - Distribuzione di Musica Digitale: Un musicista carica un album su una piattaforma che utilizza smart contract:

- Gli acquirenti pagano per il download o lo streaming.
- Lo smart contract distribuisce automaticamente i guadagni tra il musicista e gli altri collaboratori (produttore, etichetta, ecc.).
- I diritti d'autore sono garantiti senza intermediari.

Vantaggi:

- Protezione della proprietà intellettuale.
- Pagamenti automatici e trasparenti.
- Eliminazione di intermediari che trattengono una percentuale delle entrate.

Come Gli Smart Contract Facilitano Questi Processi

1. **Autonomia:** Non serve alcun intervento manuale una volta impostate le regole.
2. **Trasparenza:** Tutte le azioni sono visibili sulla blockchain.
3. **Efficienza:** I processi sono istantanei e senza errori umani.
4. **Sicurezza:** I termini sono immutabili e rispettati in ogni circostanza.

Questi esempi mostrano come gli smart contract siano già in grado di trasformare attività tradizionali, riducendo tempi, costi e incertezze. Con il tempo, il loro utilizzo diventerà sempre più diffuso, migliorando l'efficienza in numerosi settori.

5.3. Quale criptovaluta usare per firmare contratti: Ethereum, Binance Smart Chain e Polygon.

Come abbiam visto gli **smart contract** sono essenziali per molte applicazioni del Web3, del metaverso e della finanza decentralizzata (DeFi). Per eseguirli, è necessario pagare una commissione chiamata **gas fee**, che varia a seconda della blockchain utilizzata. Le criptovalute più comuni per firmare contratti intelligenti sono **Ethereum (ETH)**, **Binance Smart Chain (BNB)** e **Polygon (MATIC)**. Ognuna di queste ha caratteristiche e vantaggi specifici, che dipendono dall'uso previsto, dai costi e dalla scalabilità.

1. Ethereum (ETH): Il Pioniere degli Smart Contract

Ethereum è la blockchain che ha introdotto gli smart contract nel 2015, ed è considerata lo standard di riferimento per le applicazioni decentralizzate (dApp) e la creazione di NFT.

Caratteristiche principali:

- **Affidabilità:** Ethereum è la rete più consolidata e utilizzata per smart contract, con migliaia di applicazioni attive.
- **Sicurezza:** La decentralizzazione e l'adozione massiccia la rendono una delle blockchain più sicure.
- **Commissioni elevate:** Uno svantaggio di Ethereum sono le gas fee, che possono essere molto alte nei momenti di congestione della rete.

Quando usare Ethereum:

- Per progetti di alto valore come NFT unici o applicazioni DeFi su larga scala.
- Se desideri utilizzare una blockchain ampiamente supportata e ben integrata con altre piattaforme.

Esempio   **pratico:**
Se stai pubblicando un NFT su una piattaforma importante come OpenSea, probabilmente utilizzerai Ethereum per firmare il contratto e pagare le gas fee.

2. Binance Smart Chain (BNB): Velocità ed Economicità

La Binance Smart Chain (BSC) è una blockchain creata da Binance, progettata per offrire un'alternativa più veloce ed economica rispetto a Ethereum. Utilizza **BNB** come criptovaluta nativa per pagare le gas fee.

Caratteristiche principali:

- **Bassi costi:** Le gas fee sulla BSC sono molto più economiche rispetto a Ethereum.
- **Velocità:** La rete offre tempi di conferma rapidi, ideale per transazioni frequenti o di basso valore.
- **Compatibilità:** La BSC è compatibile con Ethereum Virtual Machine (EVM), il che significa che molte dApp possono essere utilizzate su entrambe le piattaforme.

Quando usare Binance Smart Chain:

- Per applicazioni o contratti che richiedono basse commissioni, come giochi basati su blockchain o transazioni frequenti.
- Se vuoi accedere a un ecosistema ricco di progetti DeFi e dApp con costi contenuti.

Esempio   **pratico:**
Se stai partecipando a un progetto DeFi per lo staking o il farming di token su piattaforme come PancakeSwap, utilizzerai BNB per firmare i contratti e pagare le commissioni.

3. Polygon (MATIC): La Soluzione Scalabile

Polygon è una soluzione di scaling costruita su Ethereum. Mira a risolvere i problemi di congestione e costi elevati di Ethereum, offrendo transazioni rapide e gas fee estremamente basse. Utilizza **MATIC** come criptovaluta per pagare le commissioni.

Caratteristiche principali:

- **Costi quasi nulli:** Le gas fee su Polygon sono tra le più basse del settore, spesso inferiori a pochi centesimi di euro.
- **Velocità:** Ideale per applicazioni che richiedono transazioni veloci e scalabili.
- **Ecosistema in crescita:** Sempre più progetti NFT, DeFi e gaming scelgono Polygon per la sua efficienza.

Quando usare Polygon:

- Per applicazioni che richiedono numerose transazioni economiche, come giochi play-to-earn o collezioni NFT economiche.
- Se vuoi sfruttare la compatibilità con Ethereum a costi notevolmente ridotti.

Esempio   **pratico:**
Se stai creando un progetto di NFT con molteplici esemplari o partecipando a un gioco basato su blockchain come Decentraland, Polygon è la scelta ideale per minimizzare i costi.

Confronto Diretto

Caratteristica	Ethereum (ETH)	Binance Smart Chain (BNB)	Polygon (MATIC)
Gas fee	Alte	Basse	Molto basse
Velocità	Media	Alta	Altissima
Ecosistema	Molto sviluppato	In crescita	In rapida espansione
Sicurezza	Altissima	Alta	Alta
Uso consigliato	NFT di valore, grandi progetti	DeFi, gaming, transazioni rapide	NFT economici, gaming, DeFi

Conclusione: Quale Criptovaluta Scegliere?

- **Ethereum (ETH):** Se la priorità è la sicurezza e vuoi accedere a una rete consolidata, anche se i costi sono alti.
- **Binance Smart Chain (BNB):** Se hai bisogno di una rete veloce ed economica, ideale per progetti quotidiani o di medio valore.
- **Polygon (MATIC):** La scelta migliore per progetti scalabili e transazioni frequenti con costi minimi.

La scelta della criptovaluta dipende dal tuo progetto specifico, ma tutte queste opzioni offrono strumenti potenti per firmare e gestire smart contract nel Web3.

5.4. Come iniziare a utilizzare lo smart contract senza essere esperti

1. Procurati un Wallet Digitale

Per utilizzare uno smart contract, è necessario avere un **wallet digitale** che supporti la blockchain su cui vuoi operare. I wallet sono essenziali per interagire con gli smart contract e firmare le transazioni.

Passaggi:

1. Scarica un wallet compatibile come **MetaMask** (per Ethereum e Polygon) o **Trust Wallet** (per Binance Smart Chain e altre reti).
2. Crea un nuovo account seguendo le istruzioni. Ti verrà fornita una **seed phrase** (12 o 24 parole): scrivila e conservala in un luogo sicuro.
3. Aggiungi fondi al tuo wallet acquistando cripto valute (scegli la cripto valuta in funzione dell'aApp che userai) su un exchange e trasferendole al tuo wallet.

2. Scegli una Piattaforma con Smart Contract

Gli smart contract sono integrati in molte piattaforme decentralizzate (dApp). Scegli una piattaforma in base a cosa vuoi fare:

- **DeFi (Finanza Decentralizzata):** Esplora piattaforme come Uniswap (Ethereum) o PancakeSwap (Binance Smart Chain) per scambiare criptovalute o partecipare a staking e liquidity pool.
- **NFT (Non-Fungible Tokens):** Usa piattaforme come OpenSea (Ethereum), Zora.co (Ethereum), o Magic Eden (Solana) per acquistare o vendere NFT.
- **Gaming e Metaverso:** Prova giochi basati su blockchain come Decentraland (Ethereum) o Axie Infinity (Ronin Chain).

3. Connetti il Wallet alla Piattaforma

Una volta scelta la piattaforma, devi collegare il tuo wallet per iniziare a interagire con gli smart contract.

Passaggi:

1. Accedi alla piattaforma e clicca su "Connect Wallet" o "Collega Wallet."
2. Seleziona il tuo wallet.
3. Approva la connessione tramite l'app del wallet. Una notifica ti chiederà di confermare che la piattaforma possa accedere al tuo wallet per interagire con gli smart contract.

4. Trova il Contratto da Usare

Gli smart contract sono già programmati all'interno delle dApp, quindi non devi scrivere codice. Tutto quello che devi fare è interagire con l'interfaccia della piattaforma.

Esempi di operazioni comuni:

- **Scambio di criptovalute:** Scegli una coppia di token (es. ETH -> USDT) su Uniswap e conferma l'operazione.
- **Acquisto di un NFT:** Trova un NFT sulla piattaforma e clicca su "Acquista."
- **Staking:** Vai su una piattaforma come PancakeSwap, seleziona un pool di staking e deposita i tuoi token.

5. Firma lo Smart Contract

Ogni volta che interagisci con uno smart contract, dovrai firmare una transazione tramite il tuo wallet. Questo processo è essenziale per confermare che vuoi procedere con l'azione richiesta.

Passaggi:

1. Quando confermi un'operazione sulla piattaforma, riceverai una notifica sul tuo wallet.

2. Leggi attentamente i dettagli: verifica il tipo di operazione, i costi di gas fee e l'importo coinvolto.
3. Clicca su **"Conferma"** per firmare il contratto. Il contratto verrà eseguito automaticamente una volta approvato.

6. Verifica la Transazione

Dopo aver firmato il contratto, puoi verificare che l'operazione sia andata a buon fine.

Come fare:

1. Torna alla piattaforma e controlla lo stato della tua transazione.
2. Usa un esploratore di blockchain, come **Etherscan** (Ethereum) o **BscScan** (Binance Smart Chain), per vedere i dettagli della transazione. Basta inserire l'indirizzo del tuo wallet o l'ID della transazione.

7. Consigli per Principianti

1. **Inizia con Piccole Operazioni:** Prova con somme ridotte per familiarizzare con il processo.
2. **Controlla le Gas Fee:** Le commissioni possono variare molto in base alla blockchain e alla congestione della rete.
3. **Scegli la Blockchain Giusta:** Per operazioni economiche, considera Binance Smart Chain o Polygon.
4. **Evita Frodi:** Usa solo piattaforme affidabili e verifica sempre gli indirizzi dei contratti.

8. Pratica con Esempi Reali

Esempio 1: Acquistare un NFT su OpenSea

- Collega il tuo wallet a OpenSea.
- Sfoglia gli NFT disponibili e seleziona quello che vuoi acquistare.
- Clicca su "Buy Now," firma lo smart contract e paga con Ethereum.

Esempio 2: Scambiare Token su PancakeSwap

- Collega il tuo wallet a PancakeSwap.
- Scegli i token che vuoi scambiare (es. BNB -> CAKE).
- Conferma l'importo e firma il contratto per completare la transazione.

Puoi iniziare a utilizzare gli smart contract senza essere un esperto di tecnologia. Con la pratica, tutto diventerà più semplice e naturale!

Capitolo 1: **PER TE**

6. *Interazione tra Web3, Metaverso, Criptovalute e Smart Contract*

6.1. Come questi elementi lavorano insieme per creare un ecosistema digitale connesso.

Come Criptovalute, Smart Contract e Blockchain creano un ecosistema digitale connessione

Il mondo delle criptovalute, degli smart contract e della blockchain non funziona come una serie di elementi isolati, ma come un ecosistema digitale interconnesso, in cui ogni componente svolge un ruolo chiave per creare un sistema decentralizzato, trasparente e altamente innovativo.

1. La Blockchain: La Fondamenta del Sistema

La **blockchain** è il registro digitale decentralizzato che memorizza tutte le transazioni e gli smart contract. Funziona come una rete trasparente e sicura dove ogni nodo contribuisce alla verifica e al mantenimento dei dati.

- **Ruolo nell'ecosistema:**
  - È la piattaforma su cui le criptovalute e gli smart contract funzionano.
  - Garantisce immutabilità e trasparenza delle transazioni.

Esempio:
Quando si invia Bitcoin o Ethereum, la blockchain registra in modo permanente la transazione, rendendola verificabile da chiunque.

2. Le Criptovalute: Il Carburante dell'Ecosistema

Le criptovalute sono la **moneta digitale** che alimenta l'intero ecosistema. Ogni transazione, firma di smart contract o utilizzo di applicazioni decentralizzate richiede il pagamento di una commissione (gas fee) in criptovaluta.

- **Ruolo nell'ecosistema:**
  - Consentono transazioni rapide e senza confini.
  - Sono necessari per eseguire smart contract e accedere a servizi blockchain.

Esempio:
Per firmare un contratto intelligente su Ethereum, devi pagare una commissione sul gas in ETH. Questo rende possibile l'esecuzione del contratto e il suo registro sulla blockchain.

3. Gli Smart Contract: L'Automazione del Sistema

Gli **smart contract** sono programmi autoeseguibili che lavorano sulla blockchain. Gestiscono le regole di interazione tra le parti, eliminando la necessità di intermediari.

- **Ruolo nell'ecosistema:**
  - Automatizza le transazioni e le interazioni in modo trasparente.
  - Garantiscono che le condizioni siano rispettate senza bisogno di fiducia reciproca.

Esempio:
Un contratto intelligente su una piattaforma DeFi può distribuire automaticamente ricompense agli utenti che partecipano allo staking.

4. I Wallet: L'Accesso al Sistema

I **wallet digitali** sono l'interfaccia che collega gli utenti alla blockchain. Permettono di conservare criptovalute, firmare smart contract e interagire con dApp (applicazioni decentralizzate).

- **Ruolo nell'ecosistema:**
  - Forniscono gli strumenti per inviare e ricevere criptovalute.
  - Consentono di interagire con lo smart contract in modo sicuro.

Esempio:
Con un wallet come MetaMask, puoi collegarti a piattaforme come OpenSea per acquistare NFT o Uniswap per scambiare token.

5. Le dApp: L'Esperienza Utente

Le **applicazioni decentralizzate (dApp)** sono il punto di contatto tra l'utente e la blockchain. Offrono servizi come scambio di criptovalute, gestione di NFT, prestiti o giochi, sfruttando smart contract per funzionare.

- **Ruolo nell'ecosistema:**
  - Forniscono un'interfaccia user-friendly per interagire con la blockchain.
  - Sfruttano criptovalute e smart contract per offrire servizi senza intermediari.

Esempio:
Un gioco basato su blockchain come Axie Infinity utilizza smart contract per premiare i giocatori con criptovalute che possono conservare nei loro wallet.

6. Come Lavorare Insieme

Esempio 1: Acquisto di un NFT

1. L'utente collega il proprio wallet a una piattaforma NFT come OpenSea.
2. L'NFT è registrato su una blockchain.

3. Per acquistarlo, l'utente paga in cripto valuta, inviando una transazione tramite smart contract.
4. Lo smart contract trasferisce automaticamente l'NFT al wallet dell'utente e registra l'operazione sulla blockchain.

Esempio 2: Staking su una Piattaforma DeFi

1. L'utente deposita criptovalute su una piattaforma DeFi come Aave o PancakeSwap.
2. Lo smart contract gestisce i fondi e distribuisce ricompense in criptovalute.
3. La blockchain registra ogni operazione, garantendo trasparenza e sicurezza.

Vantaggi dell'Ecosistema Digitale Connesso

1. **Decentralizzazione:**
   Nessuna autorità centrale controlla il sistema; tutto è distribuito tra i partecipanti.
2. **Trasparenza:**
   Ogni transazione è registrata sulla blockchain, eliminando dubbi o conflitti.
3. **Automazione:**
   Gli smart contract eliminano gli intermediari e accelerano i processi.
4. **Accessibilità:**
   Con un portafoglio, chiunque può partecipare all'ecosistema, indipendentemente dalla posizione geografica.
5. **Interoperabilità:**
   Molte blockchain e dApp lavorano insieme, creando un sistema integrato e versatile.

L'ecosistema digitale creato da blockchain, criptovalute, smart contract, wallet e dApp rappresenta un nuovo modo di interagire con il denaro, i contratti ei servizi digitali. La connessione tra questi elementi permette di costruire un sistema più efficiente, sicuro e inclusivo, trasformando non solo l'economia, ma anche il nostro rapporto con la tecnologia.

6.2. Esempio ipotetico: partecipare a un evento virtuale su State1.io utilizzando un wallet, pagando in criptovalute e firmando uno smart contract

Immagina di voler partecipare a un evento virtuale su **State1.io** , una piattaforma che sfrutta tecnologie blockchain per esperienze immersive. La criptovaluta nativa della piattaforma è **GoldBrick** , e per acquistare il biglietto dovrai scambiare una parte delle tue criptovalute in GoldBrick utilizzando il wallet.

1. Registrazione e Connessione del Wallet

Prima di iniziare, devi registrarti su State1.io e collegare il tuo portafoglio digitale per accedere ai servizi della piattaforma.

Passaggi:

1. Accedi a **State1.io** e crea un account inserendo i tuoi dati personali.
2. Collega il tuo portafoglio (ad esempio, MetaMask o un portafoglio compatibile con GoldBrick):
   o Clicca su **"Connect Wallet"** (Collega Wallet).
   o Seleziona il tuo portafoglio.
   o Approva la connessione tramite l'app del wallet, autorizzando la piattaforma a visualizzare il tuo saldo.
3. Una volta connesso, il tuo portafoglio sarà pronto per interagire con l'ecosistema di State1.io.

2. Scambio delle Criptovalute in GoldBrick

Poiché la piattaforma utilizza GoldBrick come valuta nativa, dovrai scambiare una parte delle tue criptovalute (ad esempio ETH o USDT) in GoldBrick prima di acquistare il biglietto.

Passaggi:

1. Vai nella sezione **Exchange** di State1.io o utilizza una piattaforma integrata che supporta GoldBrick.

2. Seleziona la coppia di scambio (ad esempio, ETH → GoldBrick).
3. Inserisci l'importo di GoldBrick che desideri ottenere e conferma la transazione.
4. Firma la transazione nel tuo portafoglio per finalizzare lo scambio. Il tuo saldo in GoldBrick sarà aggiornato automaticamente nel wallet.

3. Acquisto del Biglietto per l'Evento

Ora che hai GoldBrick nel tuo portafoglio, puoi acquistare il biglietto per l'evento.

Passaggi:

1. Vai alla sezione **Eventi** su State1.io e scegli l'evento di tuo interesse.
2. Visualizza i dettagli del biglietto, come il costo in GoldBrick, i dati e le caratteristiche dell'evento.
3. Clicca su **"Acquista Biglietto"** .
4. Una notifica verrà inviata al tuo portafoglio per approvare lo smart contract associato all'acquisto.
   o Controlla i dettagli della transazione (importo ed eventuale commissione sul gas).
   o Clicca su **"Conferma"** per firmare il contratto.

Risultato:

Il biglietto digitale sarà associato al tuo portafoglio e registrato sulla blockchain. Potrai visualizzarlo nella tua area personale su State1.io o direttamente nel wallet, se il sistema supporta i biglietti in formato NFT.

4. Accesso all'Evento Virtuale

Il giorno dell'evento, utilizzerai il portafoglio per dimostrare che possiedi il biglietto digitale.

Passaggi:

1. Accedi alla pagina dell'evento su State1.io.
2. Collega nuovamente il tuo portafoglio per verificare il possesso del biglietto.

3. Dopo la verifica, la piattaforma ti consentirà l'ingresso all'evento virtuale.

Esperienza **nell'evento:**
Durante l'evento, potresti esplorare un ambiente 3D immersivo, partecipare a conferenze o interagire con altri utenti utilizzando avatar personalizzati. potresti anche acquistare oggetti virtuali o contenuti esclusivi utilizzando GoldBrick.

5. Monetizzazione Durante e Dopo l'Evento

Se l'evento prevede opportunità di guadagno, il tuo portafoglio sarà fondamentale anche per ricevere pagamenti in GoldBrick. Ad esempio:

- **Vendita di contenuti virtuali:** Se crei o vendi prodotti digitali durante l'evento, i proventi saranno trasferiti direttamente nel tuo portafoglio.
- **Ricompensa:** potresti guadagnare GoldBrick partecipando ad attività o sfide organizzate durante l'evento.

Dopo l'evento, potrai:

- Conserva i tuoi GoldBrick nel portafoglio per futuri acquisti o trasferirli nel tuo wallet.

Questo esempio dimostra come gli elementi del Web3 – wallet, criptovalute come GoldBrick e smart contract – possano interagire per creare un'esperienza fluida e innovativa su una piattaforma come State1.io. Dalla registrazione al pagamento, fino alla partecipazione e monetizzazione, ogni fase è progettata per essere sicura, trasparente e user-friendly, aprendo le porte a un nuovo modo di vivere eventi digitali.

6.3. Come trarre vantaggio da questa interazione per la tua vita personale e professionale

L'interazione con piattaforme basate su blockchain, wallet, smart contract e criptovalute offre opportunità uniche per migliorare sia la vita personale che quella professionale

1. Vantaggi per la Vita Personale

Nuove forme di investimento

La blockchain consente di accedere a mercati innovativi come criptovalute, NFT e staking, che possono rappresentare nuove opportunità di guadagno o di diversificazione dei tuoi risparmi.

Partecipazione a Esperienze Immersive

Piattaforme come State1.io, Decentraland, The Sandbox, Spaziale, Somnium Space, AltspaceVR, Cryptovoxels, VRChat, ZEPETO, Engage, Meta Horizon Worlds. offrono eventi e attività virtuali che possono arricchire la tua vita personale:

- Partecipa a concerti, workshop o eventi virtuali esclusivi.
- Acquista o personalizza beni digitali (avatar, spazi virtuali).
- Esplora il metaverso per divertirti o imparare nuove competenze.

Accesso a Pagamenti e Servizi Globali

La possibilità di effettuare transazioni veloci e senza confini ti consente di:

- Inviare e ricevere denaro da familiari o amici all'estero senza costi elevati.
- Pagare beni e servizi online in modo rapido e sicuro.

2. Vantaggi per la Vita Professionale

Creazione e monetizzazione di contenuti digitali

Le tecnologie blockchain ti permettono di monetizzare i tuoi contenuti in modo diretto e sicuro:

- Vendi NFT delle tue opere digitali (arte, musica, design).

- Offri corsi o consulenze online utilizzando smart contract per automatizzare i pagamenti.
- Partecipi a piattaforme DeFi per finanziare o avviare progetti.

Networking e Collaborazioni nel Metaverso

Gli spazi virtuali offrono opportunità di networking senza confini. Puoi partecipare a:

- Conferenze professionali o fiere virtuali.
- Workshop organizzati da esperti del tuo settore.
- Incontri con clienti o collaboratori in ambienti immersivi.

Miglioramento dei Processi Aziendali

Se sei un imprenditore, la blockchain e gli smart contract possono ottimizzare i processi aziendali:

- Automatizzare i pagamenti a fornitori o dipendenti.
- Implementare contratti intelligenti per gestire la logistica o la distribuzione.
- Ridurre i costi operativi eliminando gli intermediari.

3. Come Iniziare a Trarre Vantaggio

Passaggi Pratici:

1. **Impara le basi:** familiarizza con il portafoglio, le criptovalute e le piattaforme come State1.io o OpenSea. Usa risorse gratuite online o corsi introduttivi.
2. **Fai Pratica con Piccoli Investimenti:** Acquista piccole quantità di criptovalute o esplora NFT economici per comprendere come funziona il sistema.
3. **Partecipa a Eventi e Attività:** Prova workshop o eventi virtuali per scoprire nuove applicazioni utili per la tua vita personale e professionale.
4. **Integra la Blockchain nel Tuo Lavoro:** Identifica processi o opportunità nel tuo settore che possono essere migliorati utilizzando blockchain o smart contract.

4. Massimizzare i Benefici

1. **Sii Curioso:** Sperimenta con nuove piattaforme e tecnologie per scoprire cosa si adatta meglio alle tue esigenze.
2. **Mantieni la Sicurezza:** Proteggi i tuoi portafogli e fai attenzione a truffe o piattaforme poco affidabili.
3. **Coltiva la Tua Rete:** Usa il metaverso e gli spazi virtuali per connetterti con persone e aziende di interesse.
4. **Diversifica:** non puntare tutto su un solo strumento o progetto, ma esplora diverse opportunità.

La combinazione di blockchain, criptovalute, smart contract e wallet crea un ecosistema con opportunità senza precedenti per migliorare la tua vita personale e professionale. Sfruttando questi strumenti, puoi accedere ad esperienze uniche, ottimizzando processi lavorativi e scoprire nuove forme di guadagno, aprendo le porte a un futuro digitale sempre più connesso e innovativo.

Capitolo 2: **PER LA TUA AZIENDA**

1. Perché le Aziende Devono Entra nel Web3

1.1. Il Web3 come nuove opportunità per il business: decentralizzazione, trasparenza e fiducia.

Il Web3 rappresenta una delle trasformazioni tecnologiche più significative di sempre. **Al cuore di questa rivoluzione c'è la combinazione tra decentralizzazione, trasparenza e fiducia,** un principio fondamentale che sta riscrivendo le regole del gioco per le aziende ei consumatori

Decentralizzazione: eliminare gli intermediari per ridurre i costi e aumentare l'efficienza

La decentralizzazione è uno dei principi cardine del Web3. A differenza del Web2, dove i dati, i servizi ei processi sono gestiti da piattaforme centralizzate (ad esempio, banche, marketplace o social media), nel Web3 tutto è distribuito su una rete di nodi indipendenti, senza un'autorità centrale.

Come la Decentralizzazione Rivoluziona i Modelli di Business

- **Riduzione dei costi:** Nel Web3, le transazioni ei contratti vengono gestiti direttamente sulla blockchain, eliminando la necessità di intermediari come banche, piattaforme di pagamento o broker. Questo riduce significativamente i costi operativi.

Esempio: Un'azienda che vende prodotti online può accettare pagamenti in criptovalute direttamente nel proprio portafoglio, senza dover pagare commissioni elevate ai processori di pagamento come PayPal o Stripe.

- **Maggiore controllo:** Le aziende mantengono il controllo completo sui propri dati e sulle proprie operazioni. Non devono affidarsi a piattaforme centralizzate che possono limitare l'accesso o imporre regole restrittive.

Esempio: Un produttore può vendere direttamente ai consumatori utilizzando un marketplace basato su blockchain, evitando le commissioni dei grandi e-commerce come Amazon, Shopify, eBay, ManoMano, ect.

- **Nuove opportunità di mercato:** La decentralizzazione apre le porte a modelli di business innovativi, come le organizzazioni autonome decentralizzate (DAO), dove le decisioni aziendali sono prese collettivamente dai membri attraverso smart contract. Questi modelli eliminano gerarchie tradizionali, favorendo una governance più inclusiva e trasparente.

Trasparenza: Costruire Fiducia Attraverso la Verifica e la Tracciabilità

La blockchain, il cuore tecnologico del Web3, è un registro immutabile e pubblico dove ogni transazione, contratto o interazione viene registrato e reso verificabile. Per le aziende, questa trasparenza offre un vantaggio competitivo significativo.

Vantaggi della Trasparenza per le Aziende

- **Tracciabilità della catena di approvvigionamento:** Le aziende possono utilizzare la blockchain per tracciare ogni fase della produzione e della distribuzione dei loro prodotti. Questo aumenta la fiducia dei consumatori e aiuta a soddisfare le normative.

Esempio: Un produttore alimentare può registrare sulla blockchain ogni passaggio, dalla raccolta delle materie prime alla consegna al cliente finale, certificando l'origine biologica o sostenibile del prodotto.

- **Autenticità dei prodotti:** Nel settore del lusso, la trasparenza offerta dal Web3 consente di combattere le contraffazioni. Ogni prodotto può essere associato a un NFT che ne certifica l'autenticità.

Esempio: Un marchio di orologi di lusso può utilizzare NFT per garantire che ogni orologio sia originale e tracciarne la proprietà nel tempo.

- **Fiducia nei dati:** La blockchain elimina il rischio di manipolazioni o frodi, poiché ogni modifica deve essere approvata dai nodi della rete. Questo aumenta la credibilità delle informazioni condivise con clienti, fornitori e partner.

Fiducia: automatizzare la sicurezza e la responsabilità

Nel Web2, la fiducia si basa spesso su intermediari o autorità centralizzate. Nel Web3, invece, la fiducia è costruita direttamente attraverso il codice, grazie agli smart contract. Questi programmi auto-eseguibili garantiscono che le condizioni di un accordo vengano rispettate automaticamente, senza necessità di intervento umano.

Gli Smart Contract Creano Fiducia

- **Esecuzione automatica:** Gli smart contract eliminano l'incertezza nelle transazioni. Una volta soddisfatte le condizioni predefinite, il contratto si esegue automaticamente. Non c'è spazio per errori o ambiguità.

Esempio: Un'azienda di logistica può utilizzare smart contract per pagare automaticamente un fornitore una volta che la consegna è confermata.

- **Riduzione delle controversie:** Poiché le regole degli smart contract sono scritte in modo chiaro e immutabile, le controversie sono ridotte al minimo. Tutte le parti coinvolte sanno esattamente cosa aspettarsi.

Esempio: In un progetto di costruzione, un appaltatore riceve il pagamento in fasi successive solo quando gli obiettivi specifici sono stati verificati.

- **Accesso globale:** La fiducia basata su smart contract consente alle aziende di collaborare con partner e clienti in tutto il mondo, senza dover affrontare le complessità delle leggi locali o delle barriere linguistiche.

Esempio: Una startup può lanciare una campagna di crowdfunding globale utilizzando token basata su blockchain, attirando investitori da ogni parte del mondo.

Il Web3 come Ecosistema di Fiducia e Innovazione

Quando decentralizzazione, trasparenza e fiducia si combinano, creano un ecosistema che non solo migliora l'efficienza operativa delle aziende, ma le rende anche più attraenti per i consumatori ei partner.

1. **Consumatori più coinvolti:** I clienti apprezzano la possibilità di verificare l'autenticità dei prodotti e la trasparenza delle operazioni aziendali. Questo rafforza la fedeltà al marchio.

Esempio: un'azienda che utilizza blockchain per certificare l'origine sostenibile dei suoi prodotti può attirare consumatori attenti all'etica.

2. **Collaborazioni più forti:** Grazie alla decentralizzazione, le aziende possono creare reti di collaborazione più inclusive e sicure, eliminando le barriere tradizionali.

Esempio: Un gruppo di aziende può condividere risorse su una blockchain privata per ottimizzare la logistica e ridurre i costi.

3. **Innovazione continua:** Il Web3 consente alle aziende di sperimentare nuovi modelli di business, come la tokenizzazione dei beni o la creazione di marketplace decentralizzati.

Il Web3 offre un'opportunità straordinaria per le aziende di ripensare il modo in cui collaborare, creando modelli più efficienti, trasparenti e affidabili.

La decentralizzazione riduce i costi e aumenta il controllo, la trasparenza costruisce fiducia e credibilità, mentre gli smart contract automatizzano i processi e migliorano la sicurezza.

Adottare il Web3 oggi significa non solo restare al passo con l'innovazione, ma posizionarsi come leader in un mercato sempre più competitivo e connesso.

Per le aziende, il futuro non è solo digitale: è decentralizzato, trasparente e guidato dalla fiducia.

1.2. Case study di successo: aziende che hanno già integrato tecnologie Web3 con vantaggi competitivi concreti.

L'adozione delle tecnologie Web3 non è più una sperimentazione riservata a poche startup visionarie. Sempre più aziende consolidate stanno utilizzando blockchain, criptovalute, NFT e smart contract per trasformare i propri modelli di business e ottenere vantaggi competitivi concreti. Questi esempi dimostrano come l'integrazione di tali tecnologie possa migliorare l'efficienza, attrarre nuovi clienti e creare nuove opportunità di guadagno.

1. Nike: Personalizzazione ed Esclusività con gli NFT

Nike ha dimostrato come l'uso di NFT possa rivoluzionare il settore del retail e del lusso. Attraverso l'acquisizione della startup RTFKT Studios, l'azienda ha introdotto collezioni di scarpe digitali sotto forma di NFT. Questi asset digitali non solo rappresentano scarpe da collezione, ma offrono ai proprietari esperienze uniche, come la possibilità di personalizzare il proprio prodotto e di pratiche in ambienti virtuali come il metaverso.

Vantaggi Competitivi:

- **Attrazione di nuove generazioni:** Gli NFT di Nike sono stati accolti con entusiasmo dai consumatori più giovani, particolarmente attenti alle novità tecnologiche e alla cultura del collezionismo digitale.
- **Nuova fonte di reddito:** Oltre alla vendita iniziale, Nike guadagna una percentuale su ogni rivendita degli NFT grazie agli smart contract.
- **Espansione nel metaverso:** L'integrazione delle scarpe digitali in piattaforme come The Sandbox o Decentraland consente ai clienti di "indossarle" nei mondi virtuali, collegando il prodotto fisico a un'esperienza digitale.

Questo esempio mostra come un marchio consolidato possa reinventarsi e rimanere rilevante utilizzando le tecnologie Web3.

2. Gucci: Innovazione nel Lusso con il Metaverso

Gucci è stato uno dei primi marchi del lusso ad abbracciare il Web3. La casa di moda italiana ha collaborato con piattaforme come The Sandbox e Roblox per creare spazi virtuali dove gli utenti possono vivere esperienze immersive, acquistare capi digitali e partecipare a eventi esclusivi. Inoltre, Gucci ha lanciato NFT collezionabili per celebrare le sue collezioni fisiche.

Vantaggi Competitivi:

- **Nuovo canale di comunicazione:** Il metaverso consente a Gucci di interagire direttamente con i consumatori in un ambiente digitale, senza bisogno di negozi fisici.
- **Esclusività digitale:** Gli NFT di Gucci sono diventati oggetti da collezione, aumentando l'appeal del marchio tra i giovani.
- **Espansione del pubblico:** Attraverso esperienze accessibili in piattaforme popolari come Roblox, Gucci ha raggiunto un pubblico più giovane e tecnologicamente avanzato.

Con il Web3, Gucci ha trasformato il lusso da un'esperienza tangibile a una completamente digitale, senza perdere il senso di esclusività.

3. Walmart: Efficienza della Catena di Approvazione con la Blockchain

Walmart ha integrato la blockchain nel proprio sistema di gestione della catena di approvvigionamento per tracciare i prodotti dalla fonte fino al punto vendita. Utilizzando la tecnologia di IBM Food Trust, ogni passaggio della filiera viene registrato sulla blockchain, offrendo trasparenza e tracciabilità ai consumatori.

Vantaggi Competitivi:

- **Riduzione dei tempi di tracciabilità:** Prima dell'introduzione della blockchain, rintracciare un prodotto alimentare richiedeva giorni. Ora bastano pochi secondi per individuare l'origine di un prodotto.
- **Miglioramento della fiducia del consumatore:** I clienti possono verificare l'origine dei prodotti direttamente, aumentando la trasparenza e la fiducia verso il marchio.
- **Efficienza operativa:** la blockchain consente di individuare rapidamente eventuali problemi nella filiera, riducendo sprechi e costi.

Walmart ha dimostrato come l'uso pratico della blockchain possa risolvere problemi operativi complessi, migliorando al contempo l'esperienza del cliente.

4. Starbucks: Coinvolgimento dei Clienti con NFT e Programmi di Fedeltà

Starbucks sta rivoluzionando il concetto di programma fedeltà utilizzando il Web3. Attraverso il progetto **Starbucks Odyssey** , i clienti possono guadagnare e acquistare NFT che rappresentano esperienze uniche o vantaggi esclusivi, come l'accesso a eventi privati o visite guidate nei coffee farm.

Vantaggi Competitivi:

- **Fedeltà aumentata:** Gli NFT rendono il programma fedeltà più interattivo e personalizzato, coinvolgendo maggiormente i clienti.
- **Monetizzazione:** Gli NFT possono essere rivenduti dai clienti, creando un mercato secondario che porta ulteriore visibilità al brand.
- **Innovazione nella customer experience:** Starbucks integra esperienze fisiche e digitali, rafforzando il legame con i clienti.

Starbucks sta dimostrando come il Web3 possa essere utilizzato non solo per innovare, ma per rafforzare le relazioni già esistenti con i consumatori.

5. Unilever: Ottimizzazione Logistica con Smart Contract

Unilever utilizza gli smart contract per migliorare l'efficienza delle sue operazioni logistiche. Questi contratti intelligenti automatizzano i pagamenti e monitorano il rispetto delle cadenze, garantendo che ogni fase della filiera venga eseguita in modo ottimale.

Vantaggi Competitivi:

- **Automazione:** i pagamenti ai fornitori vengono effettuati automaticamente al raggiungimento di determinati obiettivi, riducendo i ritardi amministrativi.
- **Riduzione dei costi:** L'eliminazione degli intermediari abbassa i costi operativi e aumenta la trasparenza tra i partner.

- **Sostenibilità:** Grazie alla blockchain, Unilever può tracciare l'intera filiera e assicurarsi che le sue operazioni rispettino gli standard di sostenibilità.

Questo approccio ha consentito a Unilever di migliorare l'efficienza interna e di rafforzare la propria reputazione come azienda attenta all'ambiente e all'etica.

6. Adidas: Coinvolgimento della Comunità con NFT

Adidas ha collaborato con artisti e creatori digitali per lanciare una collezione NFT che includeva sia capi digitali che accessori fisici esclusivi. Gli acquirenti degli NFT hanno ottenuto l'accesso a eventi privati e alla possibilità di acquistare collezioni limitate.

Vantaggi Competitivi:

- **Comunità esclusiva:** Gli NFT hanno creato una rete di clienti fedeli, interessati non solo ai prodotti ma anche alla partecipazione a esperienze uniche.
- **Nuovo flusso di entrate:** la vendita di NFT ha generato ricavi significativi e un coinvolgimento prolungato nel tempo.
- **Brand innovativo:** Adidas si è posizionata come leader tecnologico nel settore della moda e dello sport.

Questi esempi dimostrano che l'integrazione del Web3 non è una questione di "se", ma di "quando" per le aziende che vogliono rimanere competitive. Nike, Gucci, Walmart, Starbucks, Unilever e Adidas sono solo alcuni esempi di aziende che stanno sfruttando blockchain, NFT e smart contract per migliorare la trasparenza, aumentare il coinvolgimento dei clienti e ottimizzare le operazioni. Ogni caso di successo mostra un approccio unico, ma il messaggio è chiaro: il Web3 non è solo un'opportunità, è una necessità per il futuro del business.

1.3. Adattarsi o rimanere indietro: il rischio di ignorare il cambiamento

Il mondo sta cambiando un ritmo vertiginoso. Tecnologie che ieri sembravano futuristiche oggi sono realtà consolidate e chi non si adatta rischia di essere superato inesorabilmente. Questo è particolarmente vero con l'avvento del Web3, una rivoluzione che non è solo tecnologica, ma anche culturale ed economica. Per le aziende, ignorare il Web3 non significa solo perdere un'opportunità di innovazione, ma mettere a rischio la propria sopravvivenza stessa in un mercato che si evolve continuamente.

Il Web3 non è una moda passeggera. È un cambio di paradigma che sta ridisegnando il modo in cui le aziende interagiscono con i consumatori, gestiscono le operazioni e creano valore. Le aspettative dei clienti sono in continua trasformazione: vogliono più trasparenza, maggiore controllo sui propri dati e un'esperienza personalizzata che li faccia sentire parte integrante del processo. Il Web3 risponde a queste esigenze, mentre le aziende che restano ancorate ai modelli tradizionali rischiano di essere percepite come obsolete.

Pensiamo alla rivoluzione digitale degli anni 2000. Aziende che non hanno saputo adattarsi all'era di Internet hanno perso la loro rilevanza: colossi come Blockbuster sono stati spazzati via da piattaforme innovative come Netflix. Ora stiamo assistendo a un nuovo punto di svolta, dove la blockchain e la decentralizzazione rappresentano le fondamenta di un futuro digitale diverso. Il Web3 elimina gli intermediari, automatizza i processi e offre una trasparenza mai vista prima, ma richiede anche un cambio di mentalità. Per molte aziende, questa trasformazione può sembrare complessa o addirittura superflua, ma il costo dell'inazione è spesso più alto di quello dell'adattamento.

Ignorare il Web3 significa rimanere bloccati in un sistema che sta diventando sempre più inefficiente. I clienti più giovani, i cosiddetti nativi digitali, sono già immersi in questa nuova realtà. Comprano NFT, partecipando a eventi nel metaverso, scambiano criptovalute e interagiscono con brand che capiscono l'importanza di essere presenti in questo ecosistema. Questi clienti sono il futuro. Un'azienda che non si adatta rischiando di perdere il contatto con una generazione che sta guidando il cambiamento.
Ma non si tratta solo di consumatori. La competizione tra le aziende si sta spostando sempre di più sul piano digitale. Quelli che adottano le tecnologie Web3 stanno acquisendo un vantaggio competitivo significativo. Automatizzano processi complessi con smart contract, riducono i costi operativi grazie alla decentralizzazione e guadagnano la

fiducia dei clienti attraverso la trasparenza garantita dalla blockchain. Questi vantaggi non sono teorici, ma concreti, come dimostrano i casi di successo di aziende che hanno già integrato il Web3 nei loro modelli di business.

Il rischio maggiore per chi ignora il cambiamento non è solo quello di perdere clienti, ma di diventare irrilevanti. Le tecnologie Web3 stanno introducendo nuovi standard, e una volta che i consumatori si abituano a un livello più alto di trasparenza, efficienza e personalizzazione, sarà difficile tornare indietro. Le aziende che non si adattano saranno percepite come antiquate, mentre quelle che abbracciano il cambiamento saranno viste come leader innovative.

Adattarsi al Web3 non significa dover cambiare tutto dall'oggi al domani. Se puoi iniziare con piccoli passi, come esplorare l'uso della blockchain per tracciare la filiera o accettare pagamenti in criptovalute. L'importante è iniziare a costruire competenze e infrastrutture che consentono di essere pronti per il futuro. Ignorare il cambiamento, invece, significa rimanere bloccati in modelli che presto diventeranno obsoleti, mettendo a rischio la sostenibilità stessa del business.

Il Web3 non è solo una tecnologia, ma un'opportunità per ripensare il modo in cui le aziende lavorano e interagiscono con il mondo. È un invito a innovare, a essere più trasparenti, più efficienti e più vicini ai propri clienti. Adattarsi non è solo una scelta strategica, ma una necessità per rimanere competitivi in un mondo in costante evoluzione. Ignorare questa rivoluzione significa scegliere di restare indietro, mentre il resto del mondo avanza verso un futuro sempre più decentralizzato e connesso.

Capitolo 2: **PER LA TUA AZIENDA**

2. Il Metaverso per le Aziende: Più di un'Evoluzione Digitale

2.1. Come il metaverso ridefinisce il rapporto con i clienti: esperienze immersive e personalizzate

Nel contesto del Web3, il metaverso rappresenta molto più di un semplice spazio digitale: è un luogo dove le aziende possono interagire con i clienti in modi che prima erano inimmaginabili. Il metaverso sta ridefinendo il rapporto tra brand e consumatori, portando l'esperienza utente a un livello superiore grazie a interazioni immersive, personalizzate e spesso altamente emozionali. Questa trasformazione non è solo una questione di tecnologia, ma un cambiamento profondo nella dinamica della comunicazione e della costruzione del valore.

Immagina di entrare in un negozio virtuale, dove puoi esplorare prodotti in 3D, interagire con un assistente virtuale che capisce le tue preferenze e provare capi d'abbigliamento attraverso il tuo avatar digitale. Questo è il tipo di esperienza che il metaverso rende possibile. I clienti non sono più solo osservatori passivi, ma partecipanti attivi in un viaggio digitale che combina intrattenimento, informazione e interazione.

Uno degli aspetti più rivoluzionari del metaverso è la sua capacità di creare **esperienze immersive**. Le aziende possono progettare spazi virtuali che non solo riflettono il loro brand, ma offrono ai clienti la possibilità di vivere il marchio in modo diretto. Ad esempio, un'azienda di automobili può creare uno showroom virtuale dove i clienti possono esplorare e persino testare veicoli attraverso la realtà virtuale. Questo tipo di coinvolgimento non solo migliora l'esperienza del cliente, ma aumenta anche la probabilità di conversione, poiché i consumatori si sentono più connessi al prodotto e al brand.

La personalizzazione è un altro elemento chiave che il metaverso introduce nelle relazioni azienda-cliente. Grazie alla raccolta di dati e all'intelligenza artificiale integrata, le aziende possono adattare l'esperienza virtuale alle preferenze specifiche di ogni cliente. Ogni interazione può essere unica: un cliente può ricevere suggerimenti personalizzati, partecipare a eventi esclusivi o persino co-creare prodotti in tempo reale. Questa personalizzazione non solo migliora la soddisfazione del cliente, ma rafforza anche la lealtà al brand, trasformando i consumatori in ambasciatori del marchio.

Il metaverso è anche uno spazio che favorisce la **creazione di comunità**. I clienti possono incontrarsi, interagire e condividere esperienze all'interno di mondi virtuali progettati dai brand. Questo crea un senso di appartenenza e una connessione emotiva che è difficile da replicare nei canali digitali tradizionali. Pensiamo ai brand di lusso che organizzano sfilate virtuali o agli eventi esclusivi nel metaverso dove i partecipanti possono interagire direttamente con i designer o gli influencer. Questi momenti non solo creano valore per il cliente, ma posizionano il brand come innovativo e all'avanguardia.

Per le aziende, il metaverso rappresenta anche un'opportunità per ridurre i costi e ottimizzare i processi. Le simulazioni virtuali, ad esempio, consentono di testare nuovi prodotti o servizi prima di lanciarli sul mercato, riducendo gli sprechi e accelerando i tempi di sviluppo. Inoltre, gli ambienti virtuali possono servire come piattaforme di formazione per i dipendenti o come spazi per riunioni e collaborazioni a distanza, eliminando la necessità di spostamenti fisici.

Un esempio concreto è quello delle **esperienze di acquisto nel metaverso**. Piattaforme come Decentraland o The Sandbox consentono alle aziende di creare negozi virtuali dove i clienti possono acquistare sia prodotti fisici sia beni digitali, come abbigliamento per avatar o NFT esclusivi. Questo approccio non solo apre nuove fonti di ricavo, ma crea un ponte tra il mondo fisico e quello digitale, offrendo ai clienti un'esperienza integrata e coerente.

Il metaverso sta ridefinendo il modo in cui le aziende interagiscono con i loro clienti, spostando il focus da semplici transazioni a esperienze coinvolgenti e personalizzate. È un'opportunità unica per costruire relazioni più profonde, migliorare la percezione del marchio e differenziarsi in un mercato sempre più competitivo. Per le aziende che sono pronte ad abbracciare questa nuova realtà, il metaverso non è solo il futuro: è il presente che sta cambiando.

2.2. Esempi applicativi:

- Showroom virtuali per mostrare prodotti (moda, automobili, arredamento, immobiliare, arte e altro).
- Eventi aziendali, fiere e lancio di prodotti in ambienti virtuali.
- Formazione interna e simulazioni per il team.
- Medicina, scienza.

Il metaverso offre un'ampia gamma di applicazioni pratiche per le aziende, che possono sfruttarlo per creare valore, migliorare l'efficienza e offrire esperienze straordinarie ai propri clienti e dipendenti.

Gli essempi possono esere davvero tanti ma prenderemo in considerazione solo alcuni. Questi esempi dimostreranno come diverse industrie stanno già utilizzando il metaverso per rivoluzionare i loro modelli di business e interazioni.

Showroom Virtuali: Moda, Automobili, Arredamento, Immobiliare, Arte

Gli showroom virtuali rappresentano una delle applicazioni più potenti del metaverso, offrendo ai clienti un'esperienza immersiva che combina la scoperta dei prodotti con la personalizzazione e l'interattività.

Immagina un cliente che entra in uno showroom virtuale di un brand di moda: può sfogliare la collezione, provare i capi sul proprio avatar e persino acquistare sia la versione fisica che quella digitale degli abiti. Oppure considera un acquirente interessato a un'auto: grazie a un ambiente virtuale, può esplorare il veicolo nei minimi dettagli, personalizzare colori e accessori e persino simulare un test drive in una città o su un circuito virtuale.

Questi spazi non si limitano alla vendita: diventano piattaforme di branding e storytelling, dove i clienti possono vivere un'esperienza unica. Nel settore immobiliare, i potenziali acquirenti possono visitare case o appartamenti in costruzione attraverso tour virtuali interattivi, risparmiando tempo e ottenendo una visione dettagliata degli spazi. Per l'arte, i galleristi possono organizzare mostre virtuali dove gli utenti possono esplorare le opere, conoscere gli artisti e persino acquistare NFT.

Eventi Aziendali, Fiere e Lancio di Prodotti in Ambienti Virtuali

Il metaverso sta trasformando il modo in cui le aziende organizzano eventi, rendendoli più accessibili e coinvolgenti. Le fiere ei lanci di prodotti non sono più limitate da barriere fisiche: possono essere ospitati in ambienti virtuali che offrono possibilità infinite di personalizzazione.

Un'azienda tecnologica, ad esempio, può organizzare il lancio di un nuovo dispositivo in un auditorium virtuale, dove giornalisti e consumatori possono partecipare in tempo reale. Gli ospiti possono esplorare il prodotto in 3D, partecipare a sessioni di domande e risposte interattive e scaricare materiale promozionale direttamente nel loro portafoglio digitale.

Le fiere aziendali nel metaverso eliminano i costi di trasporto e logistica, permettendo alle aziende di raggiungere un pubblico globale. In questi spazi virtuali, i partecipanti possono visitare lo stand, interagire con rappresentanti aziendali e partecipare a workshop o presentazioni, il tutto senza lasciare la propria scrivania.

Formazione Interna e Simulazioni per il Team

Il metaverso non è solo uno strumento per interagire con i clienti, ma anche una piattaforma potente per migliorare la formazione interna e il lavoro di squadra. Attraverso simulazioni e ambienti virtuali, le aziende possono offrire esperienze di apprendimento più coinvolgenti ed efficaci rispetto ai metodi tradizionali.

Ad esempio, un team di vendita può essere addestrato in un ambiente virtuale che simula uno showroom o una fiera, dove devono interagire con avatar di clienti rappresentanti diversi profili di consumatori. Questo tipo di formazione pratica migliora le competenze in tempo reale, riducendo al contempo i costi ei tempi associati alla formazione in presenza.

Nel settore manifatturiero, gli operatori possono imparare a utilizzare macchinari complessi attraverso simulazioni immersive che replicano ambienti di lavoro reali. Questo non solo accelera il processo di apprendimento, ma riduce anche il rischio di errori costosi o incidenti durante l'addestramento.

Medicina e Scienza: Un futuro già presente

Il metaverso sta rivoluzionando anche il settore medico e scientifico, offrendo strumenti che migliorano la formazione, la ricerca e l'assistenza ai pazienti.

In medicina, i professionisti possono utilizzare simulazioni virtuali per praticare procedure chirurgiche in ambienti sicuri e controllati. Ad esempio, un chirurgo può eseguire operazioni complesse su avatar realistici prima di affrontare un intervento su un paziente reale. Questo tipo di addestramento non solo migliora la precisione, ma riduce anche lo stress associato alla pratica su corpi umani.

Per i pazienti, il metaverso offre nuove possibilità di cura. Gli spazi virtuali possono essere utilizzati per consulenze mediche da remoto, dove il paziente e il medico interagiscono in un ambiente immersivo che simula uno studio clinico. Progetti come **Virtual Clinic** dimostrano già come il metaverso possa migliorare l'accesso alle cure, soprattutto per persone che vivono in aree remote o che hanno difficoltà a raggiungere strutture fisiche.

In ambito scientifico, il metaverso consente ai ricercatori di collaborare in tempo reale su progetti complessi, condividendo dati e strumenti in ambienti virtuali. Questo approccio accelera i progressi e favorisce una maggiore inclusione tra esperti di tutto il mondo.

Gli esempi applicativi del metaverso mostrano come questa tecnologia possa trasformare settori diversi, dalla vendita al dettaglio alla medicina, dalla formazione aziendale agli eventi. Ogni azienda può trovare il proprio modo di sfruttare il metaverso per creare valore, migliorare i processi e offrire esperienze indimenticabili ai propri clienti e dipendenti. L'adozione di queste soluzioni non è solo un'opportunità, ma una necessità per rimanere competitivi in un mondo sempre più digitale.

2.3. Esempio di piattaforme da considerare per il business

Il Web3 e il metaverso offrono alle aziende una vasta gamma di piattaforme che possono trasformare il modo in cui protestano, interagiscono con i clienti e innovano. Ogni piattaforma ha caratteristiche uniche che si adattano a settori e strategie diverse. Di seguito, presentiamo alcune delle piattaforme più promettenti che le aziende possono considerare per il loro business, con focus su funzionalità e vantaggi specifici.

1. Decentraland
https://decentraland.org/
Settori: Retail, Eventi, Real Estate, Intrattenimento
Decentraland è uno dei metaversi più consolidati e basato su blockchain. Le aziende possono acquistare terreni virtuali e costruire spazi personalizzati per showroom, eventi o esperienze interattive. Marchi come Samsung e Sotheby's hanno già utilizzato questa piattaforma per attirare un pubblico tecnologicamente avanzato.

Vantaggi:

- Possibilità di acquistare terreni come NFT.
- Eventi virtuali immersivi per aumentare l'engagement.
- Moneta nativa (MANA) per transazioni e interazioni economiche.

2. Il sandbox
https://www.sandbox.game/en/
Settori: Moda, Gaming, Intrattenimento, Brand Experience
The Sandbox è una piattaforma che combina il metaverso con il

gaming, permettendo alle aziende di creare esperienze interattive attraverso terreni digitali acquistabili. I brand come Gucci e Adidas hanno utilizzato questa piattaforma per lanciare prodotti e rafforzare la connessione con i clienti.

Vantaggi:

- Creazione di giochi o esperienze personalizzate.
- Integratore di marketplace per vendere NFT e beni virtuali.
- Collaborazioni con brand di fama mondiale per eventi e contenuti esclusivi.

3. Spatial

https://www.spatial.io/

Settori: Arte, Design, Collaborazione Aziendale, Fiere Virtuali

Spatial è una piattaforma che offre spazi virtuali per esposizioni, riunioni aziendali e mostre d'arte. È particolarmente utile per le aziende creative che vogliono presentare progetti o collaborare a distanza in modo immersivo.

Vantaggi:

- Supporto per gallerie d'arte digitali.
- Facilità di accesso tramite browser, AR o VR.
- Ambienti personalizzabili per riunioni ed eventi.

4. Meta Horizon Worlds

https://horizon.meta.com/

Settori: Networking, Eventi, Formazione, Gaming

Meta Horizon Worlds, sviluppato da Meta (ex Facebook), è un metaverso accessibile tramite i visori Oculus. Consente alle aziende di creare mondi virtuali per eventi, formazione o esperienze ludiche.

Vantaggi:

- Integrazione con i prodotti di Meta per campagne pubblicitarie.
- Accesso a un vasto pubblico tramite una piattaforma consolidata.
- Facilità di utilizzo per eventi aziendali o lanci di prodotti.

5. Engagevr

https://engagevr.io/

Settori: Formazione, Collaborazione Aziendale, Educazione

Engage è una piattaforma specializzata in formazione e collaborazione aziendale. Università e aziende possono organizzare corsi, seminari o simulazioni in ambienti virtuali che replicano scenari reali.

Vantaggi:

- Ideale per addestramenti e formazione immersiva.
- Integrazione con strumenti educativi e interattivi.
- Possibilità di creare esperienze su misura per team aziendali.

6. Zora

https://zora.co/

Settori: Arte, Vendita NFT, Branding Creativo

Zora è una piattaforma basata su blockchain per la creazione e la vendita di NFT. Le aziende possono utilizzarla per lanciare collezioni digitali, promuovere il proprio marchio e monetizzare contenuti creativi.

Vantaggi:

- Mercato NFT in crescita per opere digitali e oggetti da collezione.
- Piattaforma decentralizzata che consente ai creatori di mantenere il controllo.
- Facilità di integrazione con portafoglio come MetaMask.

7. Cryptovoxels

https://www.cryptovoxels.com/

Settori: Moda, Arte, Gaming, Eventi

Cryptovoxels è una città virtuale dove le aziende possono acquistare terreni e costruire spazi personalizzati. È particolarmente popolare per mostre d'arte, sfilate di moda ed eventi culturali.

Vantaggi:

- Design minimalista che facilita l'ingresso di nuovi utenti.

- Supporto per NFT e opere d'arte digitali.
- Ideale per eventi di nicchia e promozioni artistiche.

8. Opensea

https://opensea.io/

Settori: NFT, Collezionismo, Vendite Digitali

OpenSea è il marketplace NFT più grande e consolidato. Le aziende possono divertirsi per vendere o acquistare oggetti digitali unici, come opere d'arte, accessori per avatar o biglietti per eventi.

Vantaggi:

- Ampia base di utenti già attivi nel settore NFT.
- Integrazione con diverse blockchain (Ethereum, Polygon, Solana).
- Facilità di creazione e vendita di NFT.

9. Binance Smart Chain **(BSC)**

https://www. https://itbnbchain.org/en

Settori: Finanza Decentralizzata, NFT, Gaming

BSC è una blockchain ad alta velocità e basso costo, ideale per aziende che vogliono sviluppare dApp o lanciare token senza correre nei costi elevati di Ethereum.

Vantaggi:

- Costi di transazione estremamente bassi.
- Ampio ecosistema di applicazioni decentralizzate.
- Supporto per progetti NFT e metaverso.

10. Stato1.io

https://www.state1.io/it

Settori: Vendite, Eventi, Educazione, Healthcare, Realtà Virtuale e Aumentata

State1.io è una piattaforma italiana che integra blockchain, realtà virtuale e aumentata per offrire esperienze immersive uniche. È ideale per eventi aziendali, formazione e progetti di innovazione, come la Virtual Clinic per la sanità.

Vantaggi:

- Piattaforma innovativa con focus su XR (realtà estesa).
- Applicazioni personalizzate per diversi settori, dalla sanità al dettaglio.
- Moneta nativa per facilitare le transazioni in ecosistemi virtuali.

Ogni piattaforma citata offre strumenti unici per le aziende che vogliono esplorare le opportunità del Web3 e del metaverso. La scelta dipende dagli obiettivi specifici del business: che si tratti di vendere i propri prodotti, far conoscere il brand, organizzare eventi virtuali, formare team o creare esperienze immersive per i clienti, queste piattaforme rappresentano un punto di partenza ideale. Investire nel metaverso e nelle tecnologie Web3 oggi significa non solo rimanere al passo con l'innovazione, ma anche posizionarsi come leader in un futuro sempre più digitale.

Capitolo 2: **PER LA TUA AZIENDA**

3. E-commerce nel Web3: Una Nuova Era del Commercio Digitale

3.1. Social Commerce Immersivo: Acquisti tramite esperienze interattive nel metaverso, come showroom virtuali o eventi di shopping live

Il Web3 sta trasformando l'e-commerce in un'esperienza più interattiva, coinvolgente e decentralizzata. La combinazione di showroom virtuali, eventi di shopping live e pagamenti sicuri tramite blockchain offre un modo completamente nuovo di fare acquisti. Ora esploreremo il concetto di **Social Commerce Immersivo** attraverso un esempio pratico per l'acuisto di un prodoto comune, integrando tutti i passaggi per comprendere come questa tecnologia può rivoluzionare il commercio.

Per comprendere meglio questo processo, consideriamo l'esempio di un cliente che vuole acquistare un frigorifero intelligente (Frigo Smart) in un negozio virtuale di elettrodomestici nel metaverso. Questo esempio include tutti gli aspetti fondamentali del Social Commerce Immersivo.

1. Entra nello Showroom Virtuale

Il viaggio del cliente inizia accedendo al negozio virtuale tramite una piattaforma del metaverso, come **Decentraland, come State1 o altro**. Una volta connessa con il proprio avatar, il cliente entra in uno showroom virtuale di elettrodomestici. L'ambiente è progettato per replicare un negozio fisico, ma con funzionalità aggiuntive che rendono l'esperienza più interattiva e personalizzata.

Esperienza iniziale:

- L'avatar del cliente viene accolto da un assistente virtuale, alimentato da intelligenza artificiale, che lo guida nella navigazione dello showroom.
- Il cliente esplora una vasta gamma di frigoriferi intelligenti, tutti visibili in modelli 3D ad alta definizione, con opzioni per ruotare, aprire e osservare i dettagli interni e performances.

2. Esplorazione e Personalizzazione

Nello showroom, il cliente può interagire direttamente con i frigoriferi, scoprendo funzionalità e caratteristiche specifiche:

- **Visualizzazione 3D:** Ogni frigorifero è rappresentato come un modello interattivo. Il cliente può aprire gli scomparti, verificare la disposizione degli interni e osservare le caratteristiche tecnologiche/ digitali, come il sistema di raffreddamento o la connettività intelligente.
- **Prova virtuale:** utilizzando un simulatore di realtà aumentata, il cliente può vedere come il frigorifero si adatterebbe alla propria cucina. Basta utilizzare la fotocamera di uno smartphone o un visore VR per sovrapporre l'immagine del frigorifero all'ambiente reale.
- **Configurazione personalizzata:** Il cliente può scegliere colori, dimensioni e funzioni aggiuntive, come dispenser d'acqua o sistema anti-ghiaccio, direttamente nello showroom.

3. Partecipa a un Evento di Shopping Live

Durante la visita, il cliente partecipa a un evento di shopping live organizzato dal brand:

- Un rappresentante del marchio, sotto forma di avatar, presenta in tempo reale le funzionalità avanzate di alcuni frigoriferi e risponde alle domande dei partecipanti.
- Gli spettatori possono interagire tra loro, condividere opinioni e approfittare di sconti esclusivi disponibili solo per chi partecipa all'evento.

Questo tipo di esperienza aumenta il coinvolgimento del cliente e lo aiuta a prendere decisioni informate in un contesto interattivo.

4. Effettuare il Pagamento

Dopo aver scelto il Frigo Smart perfetto, il cliente procede al pagamento direttamente nel negozio virtuale. Questo passaggio utilizza le tecnologie blockchain per garantire sicurezza e trasparenza.

Come funziona:

1. **Collegamento del portafoglio:** Il cliente collega il proprio portafoglio digitale alla piattaforma.
2. **Selezione della valuta:** Il prezzo del frigorifero è espresso in criptovalute, come ETH o USDT, ma il cliente può visualizzarlo anche in valuta fiat (euro o dollari).
3. **Firma dello smart contract:** La transazione viene gestita tramite uno smart contract che include tutte le informazioni sull'acquisto, come prezzo, tempi di consegna e garanzia.
4. **Conferma:** Dopo il pagamento, il cliente riceve un NFT come prova d'acquisto. Questo NFT funge anche da certificato di garanzia.

5. Consegna del Prodotto

Dopo aver completato l'acquisto, il frigorifero reale viene preparato per la spedizione. Grazie alla blockchain, il cliente può monitorare ogni fase del processo di consegna:

- **Preparazione dell'ordine:** Il cliente riceve una notifica che conferma l'elaborazione dell'acquisto.
- **Tracciabilità:** La blockchain garantisce che ogni passaggio, dalla spedizione alla consegna finale, sia registrato e visibile.
- **Consegna fisica:** Il frigorifero viene recapitato a casa del cliente da un corriere.

6. Utilizzo dell'NFT come Garanzia

L'NFT ricevuto durante il pagamento non è solo una ricevuta digitale. Contiene informazioni essenziali, come:

- I dettagli tecnici del frigorifero.
- La garanzia digitale, che può essere utilizzata per richiedere assistenza o sostituzioni.
- Eventuali bonus, come sconti sui futuri acquisti.

Questo approccio elimina la necessità di documenti cartacei e rende il processo di assistenza più rapido e sicuro.

Vantaggi del Social Commerce Immersivo

Per i clienti:

- **Esperienza personalizzata:** La possibilità di esplorare e configurare i prodotti in un ambiente virtuale migliora l'esperienza d'acquisto.
- **Convenienza:** I clienti possono partecipare ad eventi dal vivo e acquistare prodotti comodamente da casa.
- **Trasparenza:** Gli smart contract e la blockchain garantiscono transazioni sicure e tracciabili.

Per il marchio:

- **Maggiore coinvolgimento:** Gli eventi live e le esperienze immersive creano un legame più forte con i clienti.

- **Espansione globale:** Il metaverso elimina le barriere geografiche, permettendo ai brand di raggiungere un pubblico più ampio.
- **Innovazione:** Integrare il Web3 nell'e-commerce dimostra un impegno verso l'innovazione e migliora la reputazione del marchio.

Il Social Commerce Immersivo nel Web3 sta ridefinendo il concetto di e-commerce, trasformandolo in un'esperienza dinamica e coinvolgente. L'esempio del frigorifero dimostra come showroom virtuale, eventi live e pagamenti tramite blockchain possono rendere il processo di acquisto più innovativo e soddisfacente per i clienti. Per le aziende, questa è un'opportunità per innovare, distinguersi e costruire relazioni più profonde con i consumatori.

3.2. Token-Commerce: Creazione di token aziendali per programmi di fidelizzazione o sconti esclusivi.

Il **token-commerce** rappresenta una delle innovazioni più interessanti del Web3, trasformando il modo in cui le aziende costruiscono relazioni con i clienti. Creare e utilizzare token aziendali non solo rivoluzionari i programmi di fidelizzazione, ma offre anche nuove opportunità per incentivare l'acquisto, premiare la lealtà e personalizzare l'esperienza del cliente.

I **token aziendali** sono risorse digitali create su blockchain che possono essere utilizzate dai clienti per ottenere vantaggi esclusivi, sconti o partecipare a eventi riservati. A differenza dei programmi di fidelizzazione tradizionali, i token non sono limitati a una piattaforma centrale, ma sono trasferibili, scambiabili e tracciabili in modo trasparente. Questo li rende più flessibili e attraenti sia per i clienti che per le aziende.

Come Funziona il Token-Commerce

1. Creazione del token aziendale

Le aziende creano un token digitale personalizzato utilizzando blockchain come esempio Ethereum, Binance Smart Chain o Polygon.

Questi token possono essere progettati per rispondere a specifici obiettivi aziendali, come:

- **Premiare la fedeltà:** Token distribuiti per ogni acquisto effettuato.
- **Accesso esclusivo:** Token necessari per partecipare a eventi privati o sbloccare prodotti unici.
- **Incentivi:** Gettone che offrono sconti immediati o cumulabili per acquisti futuri.

Un esempio è la creazione di **XYZToken** , un token utilizzabile solo dai clienti di un marchio di moda. Ogni acquisto nel negozio, fisico o digitale, premia il cliente con un determinato numero di XYZToken, utilizzabili per ricevere sconti o partecipare a eventi.

2. Distribuzione dei Token

I token aziendali possono essere distribuiti in diversi modi:

- **Acquisti:** per ogni acquisto, il cliente riceve una quantità di token proporzionale all'importo speso.
- **Eventi promozionali:** Token gratuiti distribuiti durante campagne di marketing o eventi speciali.
- **Interazioni social:** Token guadagnati attraverso azioni come condividere post sui social media, partecipare a concorsi o recensire prodotti.

Questi metodi incentivano non solo le vendite, ma anche il coinvolgimento e la visibilità del marchio.

3. Utilizzo dei Token

I clienti possono utilizzare i token aziendali in diversi modi, rendendo l'esperienza più dinamica e personalizzata:

- **Sconti:** I token possono essere scambiati per ottenere riduzioni di prezzo su prodotti o servizi.

- **Prodotti esclusivi:** Alcuni prodotti o collezioni speciali possono essere acquistati solo con token.
- **Accesso a eventi privati:** I clienti possono utilizzare i token per ottenere inviti esclusivi a sfilate, eventi o workshop.

Ad esempio, un cliente che ha accumulato 500 XYZToken può sbloccare uno sconto del 20% su un acquisto o accedere a una collezione limitata non disponibile al pubblico.

Vantaggi del Token-Commerce

1. Per le Aziende

- **Aumento della fedeltà:** creo un forte senso di appartenenza, incentivando i clienti a tornare per accumulare ulteriori vantaggi.
- **Nuove opportunità di ricavo:** Le aziende possono vendere token direttamente o creare mercati secondari per lo scambio di token.
- **Analisi del comportamento:** Grazie alla trasparenza della blockchain, le aziende possono monitorare come i token vengono utilizzati, ottenendo dati preziosi sui comportamenti dei clienti.

2. Per i Clienti

- **Maggiore controllo:** i clienti possono decidere come utilizzare i token accumulati, trasferirli o scambiarli con altri utenti.
- **Esperienze:** i token offrono accesso a vantaggi personalizzati esclusivi che rendono l'esperienza d'acquisto più unica.
- **Valore aggiunto:** A differenza dei punti fedeltà tradizionali, i token hanno un valore intrinseco che può essere scambiato o utilizzato al di fuori della piattaforma aziendale.

Esempio Pratico: Programma di Fidelizzazione con Token

Immaginiamo un'azienda di tecnologia che lancia il proprio token, **TechToken** , per incentivare i clienti a partecipare a un programma di fidelizzazione.

1. **Creazione del token:** L'azienda sviluppa TechToken sulla blockchain Polygon, garantendo basse commissioni di transazione.
2. **Distribuzione:** Ogni acquisto di prodotti tecnologici (ad esempio, smartphone, laptop) premia il cliente con 10 TechToken per ogni 100 euro spesi.
3. **Utilizzo:** I clienti possono accumulare i token e utilizzarli per:
   - Riceverai uno sconto del 10% sul prossimo acquisto.
   - Sbloccare l'accesso a un workshop esclusivo sul metaverso o sulla programmazione.
   - Partecipare ad eventi privati con esperti tecnologici.
4. **Trasferibilità:** i clienti possono scambiare TechToken con altri utenti o venderli sul mercato di criptovalute, aumentando il valore del programma.

Ora immaginiamo che un supermercato crea il suo token, Un Programma di Token-Commerce in Esselunga

Immaginiamo un programma di token-commerce lanciato da Esselunga chiamato **EsselungaCoin** :

1. **Accumulare EsselungaCoin:** Ogni euro speso genera 1 EsselungaCoin. Durante le promozioni speciali, alcuni prodotti offrono fino a 5 token per euro speso.
2. **Utilizzare i Token:** I clienti possono riscattare i token per:
   - Sconti del 5% o 10% sulla spesa successiva.
   - Partecipa ad eventi esclusivi, come showcooking o degustazioni.
   - Prenota prodotti in edizione limitata, come cesti natalizi premium o vini pregiati.
3. **Espandere il valore:** I clienti possono scambiare i token con altre persone o utilizzarli in collaborazione con altre attività aderenti al programma EsselungaCoin).

Token-Commerce è l'Innovazione: Oltre la Fedeltà Tradizionale

Il Token-Commerce non si limita ai programmi di fidelizzazione. Può essere utilizzato per creare ecosistemi aziendali completi:

- **Marketplace decentralizzati:** i token diventano la valuta ufficiale per l'acquisto e la vendita di prodotti o servizi.
- **Crowdfunding e pre-ordini:** Le aziende possono emettere token per finanziare nuovi prodotti, permettendo ai clienti di pre-acquistare articoli futuri con sconti esclusivi.
- **Collaborazioni tra brand:** Token condivisi da più aziende possono incentivare programmi incrociati, aumentando il valore per i clienti.

Il Token-Commerce rappresenta un'innovazione radicale nel modo in cui le aziende costruiscono relazioni con i clienti e generano valore. Con i token aziendali, i programmi di fidelizzazione diventano decentralizzati, flessibili e più coinvolgenti. Le aziende possono premiare la fedeltà, incentivare l'acquisto e offrire esperienze esclusive, mentre i clienti ottengono maggiore controllo e vantaggi personalizzati. In un mondo sempre più orientato al Web3, il Token-Commerce non è solo il futuro della fedeltà, ma una nuova era del commercio digitale.

3.3. DAO-Commerce: Strutture di e-commerce decentralizzate, gestite dai membri attraverso votazioni e smart contract.

Il **DAO-Commerce** rappresenta un'innovazione rivoluzionaria nel settore del commercio digitale, combinando l'e-commerce con il concetto di **Organizzazioni Autonome Decentralizzate (DAO)** . In questa nuova struttura, le decisioni aziendali, le strategie commerciali e la gestione operativa non sono più esclusivamente in mano a un singolo proprietario o un consiglio direttivo, ma determinate collettivamente dai membri della DAO attraverso votazioni gestite da smart contract.

Con il DAO-Commerce, le piattaforme di vendita online diventano comunità decentralizzate, dove ogni partecipante ha voce in capitolo e può contribuire a plasmare il futuro dell'e-commerce in modo trasparente e democratico.

Come funziona il DAO-Commerce

1. Creazione della DAO e del Token di Governance

Un'organizzazione crea una DAO utilizzando blockchain come per esempio Ethereum o Polygon. La DAO emette un **token di governance**, che funge da strumento per votare sulle decisioni strategiche e rappresenta una quota di partecipazione nella piattaforma di e-commerce.

- **Token di governance:** I membri acquistano o guadagnano questi token per partecipare alla governance della piattaforma.
- **Poteri decisionali:** Ogni token consente di votare su proposte come:
    - Aggiunta di nuovi prodotti o categorie.
    - Politica di prezzo e sconti.
    - Partnership strategiche o espansione in nuovi mercati.

2. Votazioni e Decentramento delle Decisioni

Nel DAO-Commerce, ogni decisione importante viene sottoposta al voto dei membri. Le votazioni sono automatizzate e gestite da smart contract, garantendo trasparenza e immutabilità.

Esempi di votazioni:

- **Prodotti da aggiungere:** I membri votano per decidere quali nuovi prodotti o marchi integrare sulla piattaforma.
- **Promozioni e sconti:** Si propongono promozioni esclusive, con i membri che scelgono quali categorie di prodotti beneficiari degli sconti.
- **Assegnazione dei profitti:** Una percentuale dei profitti può essere reinvestita nella DAO o distribuita tra i membri.

3. Smart Contract per la Gestione Operativa

Gli smart contract automatizzano tutti gli aspetti operativi della piattaforma:

- **Gestione dei pagamenti:** I clienti effettuano acquisti utilizzando criptovalute, ei fondi vengono distribuiti automaticamente tra venditori e la DAO.
- **Distribuzione dei profitti:** Gli smart contract garantiscono che i membri ricevano una parte proporzionale dei profitti in base ai loro token di governance.
- **Rispetto delle decisioni:** Una volta approvate, le decisioni prese tramite votazione vengono implementate automaticamente grazie agli smart contract, eliminando il rischio di manipolazioni.

4. Partecipazione dei Membri

I membri della DAO-Commerce non sono solo clienti o investitori, ma partecipano attivamente alla crescita e all'evoluzione della piattaforma.

- **Proposte:** Ogni membro può proporre nuove idee o strategie, che verranno sottoposte al voto collettivo.
- **Incentivi:** I membri che contribuiscono attivamente possono ricevere token aggiuntivi come ricompensa.
- **Coinvolgimento diretto:** La piattaforma si evolve in base alle esigenze e alle opinioni della comunità, creando un modello di business dinamico e orientato al cliente.

Esempio Pratico di DAO-Commerce

Immaginiamo una piattaforma di e-commerce decentralizzata chiamata **DecentraShop**, dedicata alla vendita di prodotti sostenibili.

1. **Creazione della DAO:** DecentraShop emette un token chiamato **SHOP**, che i membri possono acquistare o guadagnare partecipando attivamente alla comunità.
2. **Votazioni:**
    - Un membro propone di aggiungere una nuova categoria di prodotti, come gadget per il risparmio energetico.
    - Gli altri membri votano utilizzando i loro token SHOP. Se la maggioranza approva, la piattaforma integra i nuovi prodotti.
3. **Gestione dei profitti:** Una parte dei profitti generati dalle vendite viene distribuita automaticamente ai membri in base al numero di token SHOP posseduti.

4. **Eventi Speciali:** DecentraShop organizza un evento promozionale su richiesta della comunità, offrendo sconti esclusivi sui prodotti più votati dai membri.

Vantaggi del DAO-Commerce

1. Per i Membri

- **Trasparenza:** Ogni decisione è visibile e registrata sulla blockchain, eliminando qualsiasi dubbio sulla gestione della piattaforma.
- **Partecipazione attiva:** I membri possono influenzare direttamente le strategie e le operazioni dell'e-commerce.
- **Incentivi economici:** Oltre a sconti e promozioni, i membri possono guadagnare una parte dei profitti generati dalla piattaforma.

2. Per le Aziende

- **Riduzione dei costi operativi:** Grazie agli smart contract, molte operazioni amministrative vengono automatizzate.
- **Adattabilità:** la piattaforma può evolversi rapidamente in base alle esigenze e alle preferenze dei membri.
- **Coinvolgimento della comunità:** Un modello decentralizzato crea una base clienti più leale e coinvolta.

Sfida del DAO-Commerce

- **Conformità legale:** Integrare una DAO nel contesto legale e fiscale tradizionale può essere complesso, soprattutto per la distribuzione dei profitti.
- **Complessità tecnologica:** I membri devono avere un minimo di conoscenza delle criptovalute e delle tecnologie blockchain per partecipare.

Il DAO-Commerce rappresenta una nuova era per l'e-commerce, in cui la comunità gioca un ruolo centrale nella gestione e nell'evoluzione della piattaforma. Grazie alle votazioni decentralizzate e agli smart contract, questa struttura non solo promuove trasparenza e partecipazione, ma crea anche un modello di business più equo e orientato al cliente.

Sebbene le sfide non siano difficili, i benefici di un approccio democratico e decentralizzato aprono la strada verso opportunità uniche per aziende e consumatori.

3.4. Cross-Reality Commerce: Integrazione tra acquisti virtuali e reali, come provare virtualmente un capo di abbigliamento prima di acquistarlo nella realtà.

Cross-Reality Commerce rappresenta un'innovazione chiave nel mondo dell'e-commerce, combinando realtà virtuale (VR), realtà aumentata (AR) e il Web3 per creare un'esperienza di acquisto fluida tra il mondo digitale e quello fisico. Questo modello permette ai consumatori di esplorare, provare e personalizzare i prodotti in un ambiente virtuale prima di finalizzare l'acquisto per riceverli nel mondo reale. È l'evoluzione perfetta per settori come moda, arredamento, cosmetici, automobili.

In questo capitolo vedremo come viene realizzato il processo di Cross-Reality Commerce, utilizzando un esempio pratico: l'acquisto di un capo di abbigliamento, dal test virtuale fino alla consegna reale.

Fasi del processo di commercio cross-reality

1. Accesso alla piattaforma e connessione con il portafoglio

Il processo inizia con l'accesso a una piattaforma di e-commerce compatibile con tecnologie di realtà aumentata e virtuale, come Decentraland, The Sandbox, State1 o piattaforme dedicate al Cross-Reality Commerce.

1. **Registrazione e login:** Il cliente accede tramite un'app o un visore VR, utilizzando un avatar personalizzato per navigare nello spazio virtuale.
2. **Collegamento del portafoglio:** Per garantire transazioni fluide, il cliente collega il proprio portafoglio digitale (ad esempio, MetaMask o Coinbase Wallet) alla piattaforma. Questo wallet

gestirà sia i pagamenti in criptovalute che l'eventuale ricezione di NFT collegata al prodotto.

2. Navigazione nello Showroom Virtuale

Una volta entrato, il cliente accede a uno showroom virtuale che replica l'esperienza di un negozio fisico:

- **Esplorazione dei prodotti:** Il cliente può sfogliare capi d'abbigliamento virtuali esposti su manichini digitali o scaffali interattivi.
- **Dettagli del prodotto:** Ogni capo è rappresentato in 3D con dettagli realistici, come texture, colori e dimensioni. Il cliente può cliccare su un capo per visualizzarne le specifiche tecniche, il prezzo e le recensioni.
- **Interazione con assistenti virtuali:** Avatar assistenti guidano il cliente nella scelta, rispondendo a domande e offrendo consigli basati sul suo stile personale.

3. Prova Virtuale del Prodotto

Il Cross-Reality Commerce permette al cliente di provare virtualmente il prodotto utilizzando tecnologie avanzate di AR e VR:

- **Indossare il capo con l'avatar:** Il cliente può provare il capo sul proprio avatar digitale, verificando la vestibilità, lo stile e come si adatta alle proporzioni del corpo.
- **Prova in realtà aumentata:** utilizzando la fotocamera del proprio smartphone o un visore AR, il cliente può proiettare il capo direttamente su di sé, sovrapponendolo al proprio corpo in tempo reale.
- **Personalizzazione in tempo reale:** Il cliente può modificare il colore, il taglio oi dettagli del capo e vedere immediatamente il risultato.

4. Conferma dell'Acquisto e Pagamento

Dopo aver provato e personalizzato il capo, il cliente procede all'acquisto:

1. **Scelta della valuta:** La piattaforma offre opzioni per pagare in criptovalute (ETH, USDT, o il token nativo della piattaforma) o in valuta fiat.
2. **Firma dello smart contract:** Il cliente firma uno smart contract per confermare il pagamento e registrare l'acquisto. Lo smart contract comprende:
   o Dettagli del prodotto (modello, colore, personalizzazioni).
   o Prezzo e tasse applicabili.
   o Condizioni di consegna e garanzia.
3. **Ricezione di un NFT:** L'acquisto genera un NFT collegato al prodotto fisico. Questo NFT funge da ricevuta digitale e può includere vantaggi aggiuntivi, come sconti futuri o accesso a eventi esclusivi.

5. Produzione e Consegna del Prodotto Fisico

Dopo l'acquisto, la piattaforma avvia il processo di produzione e consegna:

- **Produzione personalizzata:** Se il prodotto è stato personalizzato, viene realizzato secondo le specifiche definite nel contratto digitale.
- **Tracciabilità:** Il cliente può monitorare lo stato della produzione e della spedizione direttamente sulla blockchain, garantendo trasparenza e sicurezza.
- **Consegna a domicilio:** Il capo fisico viene consegnato all'indirizzo fornito dal cliente. Il processo di consegna è ottimizzato grazie ai dati registrati nel portafoglio.

Esempio Pratico: Acquisto di un Vestito Personalizzato

1. **Accesso al negozio virtuale:** Il cliente accede alla piattaforma tramite un visore VR e cammina nello showroom virtuale di un brand di lusso.
2. **Prova del vestito:** utilizzando la realtà aumentata, il cliente proietta il vestito sul proprio corpo per verificare vestibilità e stile. Decidi di personalizzare il colore e aggiungere un dettaglio esclusivo.

3. **Conferma dell'acquisto:** Dopo la prova, il cliente paga utilizzando ETH e firma uno smart contract. Ricevere un NFT come prova d'acquisto e certificato di personalizzazione.
4. **Produzione e consegna:** Il vestito viene prodotto e consegnato al cliente entro pochi giorni. L'NFT rimane nel portafoglio come garanzia e accesso a futuri sconti.

Benefici del commercio cross-reality

Per i Clienti:

- **Esperienza immersiva:** la possibilità di provare e personalizzare i prodotti in un ambiente digitale aumenta la soddisfazione e riduce i dubbi pre-acquisto.
- **Convenienza:** I clienti possono acquistare prodotti da qualsiasi parte del mondo, evitando spostamenti.
- **Tracciabilità:** Grazie alla blockchain, ogni passaggio è trasparente, dalla produzione alla consegna.

Per le Aziende:

- **Riduzione dei resi:** Le prove virtuali aiutano i clienti a scegliere il prodotto giusto, riducendo gli errori ei costi associati ai resi.
- **Incremento delle vendite:** Le esperienze immersive attraggono un pubblico più ampio e aumentano il coinvolgimento.
- **Innovazione del marchio:** L'adozione di tecnologie avanzate migliora la reputazione e il posizionamento competitivo del marchio.

Il Cross-Reality Commerce integra il meglio del mondo digitale e fisico, offrendo ai clienti un'esperienza di acquisto senza precedenti. Dimostrazioni virtuali, personalizzazioni in tempo reale e pagamenti sicuri basati su blockchain sono solo alcune delle caratteristiche che rendono questa tecnologia il futuro del commercio. Per le aziende, il Cross-Reality Commerce non è solo un'opportunità per innovare, ma un modo per creare un legame più profondo e duraturo con i propri clienti.

Capitolo 2: **PER LA TUA AZIENDA**

4. Formazione e Upskilling del Team

4.1 Perché è essenziale formare i dipendenti sul Web3 e sul metaverso.

Investire nella formazione dei dipendenti sul Web3 e sul metaverso non è solo una scelta strategica, ma una necessità fondamentale per le aziende che vogliono rimanere competitive in un mercato in rapida evoluzione. Queste tecnologie stanno ridefinendo le regole del gioco in quasi ogni settore, offrendo opportunità uniche per innovare, ottimizzare i processi e migliorare l'interazione con clienti e partner. Per cogliere appieno questi vantaggi, è essenziale che i team aziendali comprendano le potenzialità del Web3 e del metaverso e siano preparati a integrarli nelle strategie operative e di crescita.

Web3: il nuovo paradigma tecnologico

Il Web3 rappresenta una trasformazione epocale. Basato sulla decentralizzazione, offre agli utenti un controllo diretto sui dati, riducendo la dipendenza da intermediari e aumentando la trasparenza. Formare i dipendenti su blockchain, criptovalute, smart contract e DAO consente loro di comprendere il funzionamento di questo ecosistema. Per le aziende, questo significa dotarsi di personale capace di:

- **Gestire progetti innovativi** basati su blockchain, come la creazione di programmi di fidelizzazione tokenizzati o il lancio di prodotti NFT.
- **Ridurre i costi operativi**, utilizzando smart contract per automatizzare processi come i pagamenti o la gestione dei fornitori.
- **Interagire con i mercati internazionali** senza le limitazioni delle banche tradizionali, accelerando le transazioni e migliorando l'efficienza.

Un dipendente che capisce le dinamiche del Web3 può, ad esempio, identificare opportunità di business nelle DAO (Organizzazioni Autonome Decentralizzate), partecipando attivamente a comunità che possono favorire collaborazioni o investimenti.

Metaverso: la rivoluzione dell'interazione digitale

Il metaverso sta trasformando il modo in cui le aziende interagiscono con i clienti e collaborano internamente. Un team formato sulle tecnologie immersive può aiutare l'azienda a entrare in questo nuovo universo digitale con fiducia e creatività.

- **Esperienze immersive per i clienti:** I dipendenti possono progettare showroom virtuali, dove i clienti esplorano prodotti in 3D, partecipano a eventi live o provano capi di abbigliamento utilizzando avatar personalizzati.
- **Nuove modalità di collaborazione interna:** Gli uffici virtuali nel metaverso eliminano le barriere geografiche, consentendo ai dipendenti di collaborare in ambienti immersivi che migliorano la produttività e il coinvolgimento.
- **Eventi e fiere virtuali:** Le aziende possono organizzare presentazioni, fiere e lanci di prodotto che attraggono un pubblico globale senza costi logistici elevati.

Formare il team su come costruire e gestire queste esperienze significa creare un vantaggio competitivo e migliorare il posizionamento dell'azienda in un mercato sempre più digitalizzato.

Formazione: una risposta all'evoluzione delle aspettative dei clienti

I clienti stanno diventando sempre più esperti di tecnologia e si aspettano interazioni digitali che siano non solo funzionali, ma anche coinvolgenti e personalizzate. Un team formato sul Web3 e sul metaverso è in grado di:

- **Rispondere alle richieste del mercato:** Offrire esperienze che combinano realtà virtuale, blockchain e interazioni decentralizzate.
- **Creare valore aggiunto:** Utilizzare NFT per prodotti esclusivi o personalizzati, aumentando il senso di appartenenza dei clienti al brand.
- **Garantire trasparenza e fiducia:** Grazie alla blockchain, ogni transazione è registrata e verificabile, un aspetto cruciale per costruire una relazione solida con i consumatori.

Un esempio pratico potrebbe essere un team in grado di sviluppare campagne marketing nel metaverso, attirando nuovi clienti con eventi esclusivi o promozioni legate a token digitali. Questo tipo di iniziative non solo rafforza il brand, ma crea anche nuove opportunità di ricavo.

La formazione come leva per l'innovazione interna

Educare i dipendenti su queste tecnologie non significa solo migliorare le loro competenze tecniche, ma anche promuovere una cultura aziendale orientata all'innovazione. Un team informato e preparato è capace di:

- **Identificare opportunità di business** che potrebbero passare inosservate a un personale non formato.
- **Proporre soluzioni creative** per problemi complessi, utilizzando strumenti innovativi come gli smart contract per semplificare i processi aziendali.
- **Adattarsi rapidamente ai cambiamenti:** Un personale flessibile e tecnologicamente aggiornato è meglio equipaggiato per affrontare le sfide di un mercato in costante evoluzione.

Un team con una solida conoscenza del Web3 e del metaverso può contribuire a creare una visione strategica che allinei l'azienda alle tendenze emergenti, posizionandola come leader del settore.

Benefici per l'azienda

Formare i dipendenti sul Web3 e sul metaverso non è solo un investimento nel futuro, ma un vantaggio competitivo immediato. Le aziende che intraprendono questa strada:

- **Migliorano la fidelizzazione del personale:** Offrendo opportunità di crescita professionale, aumentano la motivazione e la soddisfazione dei dipendenti.
- **Attraggono talenti tecnologici:** I professionisti del futuro cercano aziende che valorizzano l'innovazione e offrono formazione avanzata.
- **Ridimensionano i costi:** Automazioni e tecnologie immersive possono ridurre drasticamente i costi operativi, migliorando al contempo l'efficienza.

Formare i dipendenti sul Web3 e sul metaverso è una decisione strategica indispensabile per preparare l'azienda al futuro. Queste tecnologie non solo aprono nuove opportunità di business, ma ridefiniscono anche il modo in cui le aziende operano e interagiscono con i clienti. Un team formato non è solo più produttivo, ma è anche in grado di innovare, adattarsi rapidamente ai cambiamenti e creare valore in modi che un tempo erano impensabili. Investire nella formazione significa investire nella crescita e nella resilienza dell'azienda in un mondo sempre più digitale e decentralizzato.

Capitolo 2: **PER LA TUA AZIENDA**

5.Strategie di Marketing nel Metaverso e Web3

5.1 Nuovi approcci per coinvolgere i clienti: Campagne pubblicitarie immersive nei mondi virtuali e Partnership con piattaforme metaverso per promuovere il marchio.

Collaborare con piattaforme consolidate nel metaverso è un modo efficace per aumentare la visibilità del marchio e raggiungere nuovi segmenti di pubblico. Queste partnership consentono alle aziende di sfruttare la base utenti già esistente delle piattaforme e di posizionarsi come innovatori nel loro settore.

Strategie di Partnership:

1. **Sponsorizzazioni di spazi virtuali:** Le aziende possono sponsorizzare luoghi all'interno di piattaforme come Decentraland, The Sandbox o Spatial, trasformandoli in punti di riferimento per il brand. Ad esempio, un'azienda di arredamento potrebbe creare un'esperienza interattiva dove gli utenti possono arredare virtualmente le loro case utilizzando i prodotti del marchio.

2. **Collaborazioni con creatori di contenuti:** I marchi possono collaborare con artisti, designer e influencer nel metaverso per creare contenuti unici e promuovere il brand in modo autentico. Ad esempio, un brand di abbigliamento potrebbe collaborare con un designer digitale per creare una linea esclusiva di outfit virtuali disponibili come NFT.

3. **Sviluppo di eventi co-branded:** Le aziende possono organizzare eventi in collaborazione con piattaforme del metaverso per attirare pubblico e generare buzz mediatico. Ad esempio, un marchio di tecnologia potrebbe sponsorizzare una conferenza virtuale sull'innovazione tecnologica, integrando il proprio prodotto come parte dell'esperienza.

Marketing a Pagamento sul Web3 e nel Metaverso: Come Funzionerà

Il marketing a pagamento nel Web3 e nel metaverso introduce nuovi paradigmi rispetto alle piattaforme pubblicitarie tradizionali. Grazie alla decentralizzazione, alla trasparenza della blockchain e alle esperienze immersive, la pubblicità non sarà più dominata da pochi giganti centralizzati come Google e Facebook, ma funzionerà attraverso modelli innovativi che mettono al centro la comunità, l'interattività e la proprietà diretta degli utenti.

Ecco come funzionerà il marketing a pagamento in questo nuovo contesto.

1. Pubblicità nei Mondi Virtuali

Nel metaverso, i banner pubblicitari tradizionali saranno sostituiti da esperienze immersive e interattive che attirano l'attenzione degli utenti in modo organico e coinvolgente.

- **Spazi pubblicitari virtuali:** Le aziende possono acquistare spazi pubblicitari su terreni digitali in piattaforme come Decentraland, State1 o The Sandbox. Questi spazi possono ospitare cartelloni virtuali, installazioni artistiche interattive o persino mini-giochi sponsorizzati.
- **Collaborazioni con proprietari di terreni virtuali:** Le aziende possono pagare per sponsorizzare eventi o contenuti ospitati da

creatori di contenuti o proprietari di spazi popolari nel metaverso.

2. Pubblicità Basata su Token

Nel Web3, i token digitali saranno una componente centrale del marketing a pagamento. Le aziende possono utilizzare i token per incentivare il coinvolgimento o pagare per promuovere i propri prodotti e servizi.

- **Token nativi per la pubblicità:** Alcune piattaforme del Web3 richiederanno il pagamento in token nativi per posizionare contenuti sponsorizzati. Ad esempio, per promuovere un prodotto su Decentraland, un'azienda potrebbe dover pagare in MANA (il token nativo della piattaforma).
- **Incentivi agli utenti:** Le aziende possono distribuire token come ricompensa per l'interazione con i contenuti pubblicitari. Ad esempio, un utente potrebbe guadagnare token partecipando a una campagna o completando una sfida sponsorizzata.

Esempio: Un brand di cosmetici potrebbe pagare una piattaforma con token per promuovere una nuova linea di prodotti, distribuendo anche NFT ai primi 1.000 utenti che visitano il negozio virtuale.

3. Smart Contract per la Pubblicità Automatizzata

Gli smart contract giocheranno un ruolo fondamentale nella gestione trasparente ed efficiente delle campagne pubblicitarie.

Come funzionerà:

- **Pianificazione automatica:** Gli smart contract possono essere utilizzati per configurare campagne pubblicitarie che si attivano automaticamente al raggiungimento di determinati criteri (ad esempio, un numero minimo di partecipanti a un evento).
- **Pagamento condizionale:** I marchi pagheranno per la pubblicità solo se gli obiettivi della campagna (clic, conversioni o partecipazioni) vengono raggiunti, garantendo un ROI più trasparente.

- **Distribuzione decentralizzata:** Gli smart contract possono distribuire automaticamente i fondi tra i partecipanti alla campagna o ai creatori di contenuti che ospitano gli annunci.

Per esempio una piattaforma potrebbe offrire una campagna di affiliazione automatica in cui i creatori di contenuti guadagnano automaticamente una percentuale per ogni NFT acquistato tramite i loro link personalizzati.

4. Advertising DAO

Le **DAO pubblicitarie** saranno comunità decentralizzate che gestiscono le risorse pubblicitarie e offrono servizi alle aziende.

- **Gestione delle campagne:** Le aziende possono pagare la DAO per gestire campagne pubblicitarie, con i membri della DAO che votano per approvare o ottimizzare le proposte.
- **Distribuzione dei ricavi:** I guadagni derivanti dalle campagne pubblicitarie vengono distribuiti tra i membri della DAO in base alla loro partecipazione.
- **Pubblicità collettiva:** Le DAO possono organizzare campagne pubblicitarie collettive, in cui più aziende collaborano per promuovere i propri prodotti in eventi o esperienze condivise.

Per esempio un marchio di moda potrebbe collaborare con una DAO per posizionare prodotti sponsorizzati in diversi showroom virtuali, ricevendo feedback diretto dalla comunità sulla campagna.

5. Marketing Programmatico Decentralizzato

Il marketing programmatico nel Web3 sarà basato su blockchain, garantendo maggiore trasparenza e controllo.

- **Targeting basato su wallet:** Le aziende potranno analizzare i dati pubblici delle blockchain (come la cronologia delle transazioni di un wallet) per identificare e raggiungere il pubblico target in modo etico e trasparente.
- **Marketplace pubblicitari decentralizzati:** Piattaforme pubblicitarie decentralizzate consentiranno agli inserzionisti di

acquistare spazi pubblicitari direttamente dagli editori senza intermediari.

- **Protezione della privacy:** Gli utenti avranno il controllo sui propri dati e potranno scegliere se condividerli con gli inserzionisti in cambio di token o altri incentivi.

Per esempio una piattaforma decentralizzata potrebbe offrire ai consumatori la possibilità di guadagnare token accettando di vedere annunci personalizzati basati sul contenuto del loro wallet.

6. NFT e Pubblicità a Pagamento

Gli NFT non saranno solo strumenti di vendita, ma anche potenti strumenti pubblicitari.

- **NFT sponsorizzati:** Le aziende possono creare NFT esclusivi che fungono da premi pubblicitari o incentivi per i clienti.
- **NFT interattivi:** Gli NFT possono contenere esperienze pubblicitarie interattive, come giochi o contenuti esclusivi, che gli utenti possono sbloccare.
- **Cross-marketing con NFT:** I marchi possono collaborare con altri brand per creare NFT con vantaggi multipli (ad esempio, uno sconto su un prodotto fisico e l'accesso a un evento virtuale).

Per esempio un brand di sneakers potrebbe rilasciare NFT limitati che offrono sia una skin digitale per il metaverso sia uno sconto del 20% sull'acquisto fisico delle scarpe.

Il marketing a pagamento nel Web3 e nel metaverso sarà definito da trasparenza, interattività e decentralizzazione. Le aziende avranno accesso a modelli pubblicitari più efficienti e orientati ai risultati, grazie a tecnologie come smart contract, token e DAO. Per gli utenti, la pubblicità non sarà più un'interferenza, ma un'opportunità per interagire, guadagnare e partecipare attivamente all'ecosistema digitale. Il futuro del marketing a pagamento è immersivo, etico e altamente personalizzato.

Capitolo 3: **DOS© e VEO**

VEO (Virtual Environment Optimization) e **DOS©** (Decentralized Optimization Specialist) rappresentano due concetti distinti ma interconnessi nell'ambito del Web3 e del metaverso. Sebbene entrambi riguardino l'ottimizzazione e la gestione di nuovi spazi digitali e decentralizzati, si concentrano su aspetti diversi e richiedono competenze differenti. Di seguito, una panoramica chiara delle differenze tra i due.

1. Focus Principale

- **VEO (Virtual Environment Optimization):**
  - Si concentra esclusivamente sull'**ottimizzazione degli ambienti virtuali.**
  - L'obiettivo è migliorare la visibilità, l'accessibilità e l'esperienza utente in spazi virtuali come showroom 3D, eventi nel metaverso o piattaforme di realtà aumentata/virtuale.
  - È un concetto tecnico legato principalmente all'esperienza utente, alla navigabilità e alla presentazione dei contenuti.
- **DOS (Decentralized Optimization Specialist):**
  - È una figura professionale che si occupa di **ottimizzare l'intera infrastruttura decentralizzata del Web3.**
  - Include aspetti tecnici (blockchain, smart contract), strategici (governance delle DAO, gestione dei token) e applicativi (interazione con il metaverso, marketing Web3).
  - Il DOS ha un ruolo più ampio e strategico, andando oltre l'ottimizzazione visiva o esperienziale.

Ambito di Applicazione

- **VEO:**
  - Specifico per il **metaverso e gli ambienti virtuali.**
  - Include attività come:
    - Migliorare la visibilità di showroom, eventi o spazi virtuali.
    - Ottimizzare la navigazione e il design degli ambienti 3D.

- Integrare esperienze immersive per massimizzare il coinvolgimento.
- **DOS:**
  - Si estende a tutto il **Web3, incluse blockchain, NFT, smart contract e DAO.**
  - Include attività come:
    - Creazione e gestione di DAO.
    - Sviluppo e ottimizzazione di token aziendali.
    - Consulenza strategica su come utilizzare blockchain e criptovalute per migliorare i processi aziendali.

Competenze Necessarie

- **VEO:**
  - Design e sviluppo 3D.
  - UX/UI per ambienti immersivi.
  - Ottimizzazione delle performance tecniche degli spazi virtuali.
  - Conoscenza delle piattaforme metaverso e dei loro motori di ricerca interni.
- **DOS:**
  - Conoscenza approfondita delle blockchain (Ethereum, Polygon, Solana, ecc.).
  - Comprensione di smart contract, tokenomics e governance decentralizzata.
  - Competenze strategiche per integrare Web3 in modelli di business.
  - Capacità di gestire progetti che coinvolgono NFT, DAO o sistemi di pagamento in criptovalute.

Output Principale

- **VEO:**
  - Spazi virtuali ottimizzati che attraggono più utenti, offrono un'esperienza coinvolgente e supportano strategie di branding e marketing.

Esempio: Un negozio virtuale su Decentraland che appare nei primi risultati di ricerca interni, offre una navigazione intuitiva e include elementi interattivi che aumentano il tempo di permanenza dell'utente.

- **DOS:**
  - o Ecosistemi decentralizzati ottimizzati, con smart contract efficaci, NFT funzionali, e strategie di governance DAO ben strutturate.

Esempio: Una DAO che gestisce una community per un brand di moda, con tokenomics bilanciate e processi decisionali fluidi attraverso smart contract.

5. Benefici per le Aziende

- **VEO:**
  - o Migliora la presenza nel metaverso.
  - o Incrementa il traffico e il coinvolgimento negli spazi virtuali.
  - o Supporta strategie di marketing immersive.
- **DOS:**
  - o Migliora l'efficienza operativa tramite automazione decentralizzata.
  - o Riduce i costi intermediari grazie a smart contract.
  - o Consente di creare nuovi modelli di business attraverso blockchain e DAO.

6. Complementarietà tra VEO e DOS

La VEO e il DOS sono spesso complementari. Ad esempio, un DOS può integrare smart contract per automatizzare i processi in un ambiente virtuale ottimizzato con tecniche VEO. Mentre la VEO migliora l'accessibilità e l'esperienza utente nel metaverso, il DOS garantisce che le fondamenta tecnologiche decentralizzate funzionino in modo efficiente e strategico.

Esempio d'integrazione:

- Un DOS sviluppa un sistema di pagamento basato su criptovalute per un negozio virtuale.

- Un esperto di VEO ottimizza il negozio virtuale affinché sia visibile e attraente per i clienti nel metaverso.

Aspetto	VEO	DOS
Focus	Ambienti virtuali nel metaverso	Tecnologie decentralizzate nel Web3
Ambito	Metaverso e realtà immersiva	Blockchain, DAO, NFT, smart contract
Competenze	Design 3D, UX/UI, SEO del metaverso	Blockchain, tokenomics, governance
Output	Spazi virtuali ottimizzati	Ecosistemi Web3 funzionali e strategici
Utilità	Migliora l'esperienza nel metaverso	Ottimizza processi decentralizzati

Non c'è una scelta tra VEO e DOS, si completano e comunque dipendera sempre dall'obiettivo principale: migliorare l'esperienza utente negli ambienti virtuali o ottimizzare l'uso delle tecnologie decentralizzate.

Esperimentiamo con un attività a caso: Un Ristorante a Milano nel Web3: Come Lavorerà il DOS Specialist e l'Esperto VEO

Un ristorante a Milano desidera entrare nel Web3 per innovare la propria attività, attirare nuovi clienti e migliorare l'esperienza utente. Assume due specialisti: un **DOS Specialist** e un **esperto VEO**. Ognuno contribuisce con competenze specifiche per integrare le tecnologie del Web3 e del metaverso nel modello di business del ristorante.

Fase 1: Pianificazione Strategica

Contributo del DOS Specialist

1. **Analisi delle Opportunità Decentralizzate:**
   o Valuta come la tokenizzazione, le DAO o gli NFT possano essere utilizzati per migliorare il rapporto con i clienti, aumentare le entrate e rafforzare la fidelizzazione.

- o Identifica la possibilità di creare una **DAO per i clienti del ristorante**, dove i membri possano partecipare alle decisioni, come scegliere nuovi piatti da inserire nel menu o proporre eventi esclusivi.

2. **Progettazione di un Token di Fedeltà:**
   - o Il DOS Specialist propone la creazione di un token basato su blockchain (es. Ethereum o Polygon) chiamato **MeatToken**.
   - o Ogni cliente, spendendo al ristorante, accumula MeatToken che può utilizzare per ottenere sconti, accedere a eventi esclusivi (es. degustazioni di carni rare).

3. **Definizione della DAO del Ristorante:**
   - o Configura una DAO per coinvolgere i clienti più fedeli nelle decisioni strategiche, come l'introduzione di nuove ricette o la scelta di fornitori etici di carne.
   - o Ogni cliente con un certo numero di MeatToken ottiene diritto di voto all'interno della DAO.

Contributo dell'Esperto VEO

1. **Creazione dello Showroom Virtuale del Ristorante:**
   - o Progetta un ambiente virtuale nel metaverso (es. Decentraland o Spatial) dove i clienti possono esplorare virtualmente il ristorante, scoprire i menu.

2. **Eventi Virtuali:**
   - o Organizza eventi immersivi, come una "degustazione" virtuale, dove gli ospiti possono partecipare da remoto attraverso avatar e ottenere NFT come ricordo dell'evento.

3. **Ottimizzazione della Visibilità Virtuale:**
   - o Lavora per migliorare la visibilità dello showroom virtuale nei motori di ricerca interni delle piattaforme metaverso, utilizzando tecniche di Virtual Environment Optimization (VEO).

Fase 2: Implementazione Tecnologica

DOS Specialist

1. **Creazione e Distribuzione di MeatToken:**

- o Lancia MeatToken come utility token su una blockchain con basse commissioni (es. Polygon).
- o Configura un sistema automatico tramite smart contract per distribuire MeatToken ai clienti in base alla loro spesa.

2. **Costruzione della DAO:**
   - o Utilizza strumenti come **Aragon** o **DAOstack** per creare la struttura di governance.
   - o Organizza una campagna informativa per educare i clienti sull'utilizzo della DAO e sull'importanza di partecipare alle votazioni.

3. **Integrazione dei Pagamenti in Criptovalute:**
   - o Implementa un sistema di pagamento in criptovalute al ristorante, consentendo ai clienti di pagare con Bitcoin, Ethereum o MeatToken.

Esperto VEO

1. **Costruzione dello Showroom Virtuale:**
   - o Progetta uno spazio 3D interattivo che riproduce il ristorante, includendo:
     - Un tour virtuale dei tavoli e della cucina.
     - Una sezione educativa che spiega la provenienza e la qualità delle carni.
     - Una vetrina digitale per acquistare prodotti del ristorante, come vini, piatti da asporto o corsi di cucina.

2. **Personalizzazione del Metaverso:**
   - o Integra il branding del ristorante (logo, colori, stile) nello showroom virtuale per creare un'identità coerente.
   - o Aggiunge interazioni, come un gioco dove i clienti possono vincere MeatToken rispondendo a quiz sulla cucina.

3. **Ottimizzazione delle Prestazioni:**
   - o Riduce i tempi di caricamento dello showroom e migliora la navigazione per garantire che i visitatori abbiano un'esperienza fluida.
   - o

Fase 3: Benefici e Risultati Finali

Benefici per il Ristoratore

1. **Miglioramento della Fidelizzazione:**
   - I clienti che partecipano alla DAO e accumulano MeatToken diventano più fedeli al ristorante, poiché si sentono parte di una comunità esclusiva.
2. **Espansione della Visibilità:**
   - Lo showroom virtuale attira clienti non solo a Milano ma anche a livello globale, grazie alla possibilità di esplorare il ristorante nel metaverso.
3. **Nuove Fonti di Entrata:**
   - I MeatToken possono essere venduti direttamente ai clienti o utilizzati per lanciare promozioni speciali.
   - Gli NFT creati per eventi o esperienze virtuali diventano una fonte aggiuntiva di guadagno.
4. **Innovazione e Differenziazione:**
   - Il ristorante si posiziona come un pioniere tecnologico, distinguendosi dai concorrenti e attirando una clientela giovane e tecnologicamente esperta.

Conviene al Ristoratore?

Probabilmente sì. Assumere un DOS Specialist e un esperto VEO offrira un **ritorno sugli investimenti** significativo. Entrambi i ruoli contribuiscono a integrare il ristorante nel Web3, migliorando l'esperienza dei clienti, creando nuove opportunità di guadagno e posizionando il brand come innovatore. A fine progetto, il ristorante non sarà solo un punto di riferimento a Milano, ma anche un esempio di successo nel panorama tecnologico del Web3.

Capitolo 4: **Come Costruire una DAO**

Con Aragon (https://aragon.org/) o DAOstack (daostack.io)

ho spesso fatto riferimento alle DAO (*Organizzazioni Autonome Decentralizzate*), un tema affascinante e promettente, ma che può sembrare complesso per chi si avvicina a questo mondo. Mi è sembrato quindi giusto proporre qualche indicazione pratica per capire come costruire una DAO in modo semplice e veloce.

La creazione di una **DAO (Decentralized Autonomous Organization)** è un processo che richiede una pianificazione strategica e l'uso di strumenti specifici. Aragon e DAOstack sono due delle piattaforme più popolari per la creazione di DAO, offrendo soluzioni intuitive per configurare e gestire la governance decentralizzata.

Di seguito, una guida passo-passo per costruire una DAO utilizzando Aragon e DAOstack.

1. Pianificazione della DAO

Prima di iniziare a creare la DAO, è importante definire chiaramente gli obiettivi, le regole e la struttura della governance.

- **Obiettivo della DAO:** Qual è lo scopo principale? Es.: Gestire una community, raccogliere fondi, decidere su progetti aziendali.
- **Membri:** Chi parteciperà alla DAO? Saranno clienti, investitori, dipendenti o una combinazione di questi?
- **Token di governance:** Decidi se la DAO utilizzerà un token per gestire i diritti di voto e partecipazione.
- **Meccanismo decisionale:** Quali decisioni richiedono un voto? Es.: modifiche di regole, distribuzione di fondi, gestione di progetti.
- **Budget iniziale:** Quanti fondi verranno allocati inizialmente per il funzionamento della DAO?

2. Creazione della DAO con Aragon

Aragon è una piattaforma user-friendly per creare DAO su blockchain come Ethereum e Polygon. Ecco come fare:

Passo 1: Configurazione Iniziale

1. **Accesso alla piattaforma:**
   - Vai su <u>Aragon</u> e accedi con il tuo wallet (ad esempio MetaMask).
   - Scegli la rete blockchain su cui creare la DAO (Ethereum o Polygon per commissioni più basse).

2. **Selezione del template:**
   - o Aragon offre diversi template per tipi di DAO (es. comunità, aziende, progetti creativi). Scegli quello più adatto ai tuoi obiettivi.
3. **Inserisci i dettagli della DAO:**
   - o Nome della DAO.
   - o Descrizione e obiettivi principali.

Passo 2: Configurazione della Governance

1. **Definizione dei ruoli:**
   - o Decidi chi saranno i membri e i loro diritti. Es.: Fondatori, membri con diritto di voto, osservatori.
2. **Regole di voto:**
   - o Configura le modalità di voto, ad esempio:
     - ▪ Maggioranza semplice: Per approvare una proposta serve il 50%+1 dei voti.
     - ▪ Quorum minimo: Serve un numero minimo di votanti per considerare valida una decisione.
3. **Durata delle votazioni:**
   - o Imposta la durata delle votazioni (es. 3 giorni, 7 giorni).

Passo 3: Creazione e Lancio della DAO

1. **Creazione del token (opzionale):**
   - o Se la DAO utilizza un token di governance, puoi crearne uno direttamente su Aragon.
   - o Decidi il numero totale di token, il metodo di distribuzione e il valore iniziale.
2. **Finalizzazione della configurazione:**
   - o Controlla tutte le impostazioni e conferma. Aragon genererà gli smart contract che gestiranno la DAO.
3. **Distribuzione dei token:**
   - o Distribuisci i token di governance ai membri della DAO per iniziare le votazioni.

3. Creazione della DAO con DAOstack

DAOstack è un'altra piattaforma potente che si concentra su DAO basate su una governance più dinamica e modulare. Ecco come fare:

Passo 1: Configurazione Iniziale

1. **Accesso alla piattaforma:**
   o Vai su DAOstack Alchemy e accedi con il tuo wallet (ad esempio MetaMask).
2. **Creazione della DAO:**
   o Clicca su "Create DAO" e inserisci i dettagli di base:
      ▪ Nome.
      ▪ Descrizione.
      ▪ Logo o immagine rappresentativa.

Passo 2: Configurazione della Governance

1. **Impostazione delle regole di voto:**
   o Scegli il metodo di voto, come:
      ▪ **Holographic Consensus:** Un sistema avanzato di DAOstack che bilancia efficienza e inclusività.
      ▪ Maggioranza semplice o super-maggioranza.
2. **Distribuzione del potere di voto:**
   o Configura i diritti di voto in base ai token distribuiti o ad altri criteri.
3. **Impostazione dei fondi della DAO:**
   o Decidi quanti fondi iniziali allocare alla DAO e stabilisci regole per il loro utilizzo.

Passo 3: Lancio della DAO

1. **Pubblicazione degli smart contract:**
   o DAOstack crea automaticamente smart contract personalizzati per la tua DAO.
2. **Aggiunta dei membri:**
   o Invita i membri a unirsi e distribuisci i token di governance.
3. **Avvio delle proposte:**
   o I membri possono iniziare a proporre e votare su decisioni importanti.

4. Esempio Pratico: DAO di un Ristorante

- **Obiettivo della DAO:** I clienti possono votare su nuove ricette o eventi esclusivi.
- **Token di governance:** MeatToken distribuito in base alla spesa al ristorante.
- **Modalità di voto:** Ogni cliente con almeno 100 MeatToken può proporre o votare.
- **Strumenti utilizzati:** Aragon per la struttura di governance e smart contract automatizzati.

5. Benefici di Creare una DAO

- **Coinvolgimento diretto:** I membri della DAO partecipano attivamente alle decisioni.
- **Trasparenza:** Ogni transazione e decisione è registrata sulla blockchain.
- **Innovazione:** La DAO consente un approccio democratico e moderno alla gestione delle risorse.
- **Flessibilità:** Adatta a una vasta gamma di progetti, dalla gestione di comunità a modelli aziendali decentralizzati.

Creare una DAO con strumenti come Aragon o DAOstack è un processo relativamente semplice e accessibile. Ogni passaggio, dalla configurazione iniziale al lancio, è supportato da piattaforme intuitive. Per un'azienda, come un ristorante o una startup, una DAO non solo aumenta il coinvolgimento e la trasparenza, ma offre anche un modello innovativo per costruire fiducia e fidelizzazione tra i clienti o membri della community.

Capitolo 5: **Il Costo di Entrare nel Web3 Un Investimento per il Futuro**

Dopo aver discusso dell'importanza del Web3 e della blockchain, è il momento di affrontare i numeri. Il processo iniziale per un'azienda che sceglie di affidarsi completamente a figure esperte per un approccio "chiavi in mano" per entrare nel Web3 risulta oggi oneroso, soprattutto considerando che molte tecnologie e competenze non sono ancora del tutto accessibili o intuitive.

Oggi, creare un ecosistema Web3 efficace richiede investimenti significativi, che includono assunzioni strategiche, sviluppo tecnologico e design innovativo. Tuttavia, è importante sottolineare che i costi riportati sono ipotetici e possono variare notevolmente in base al progetto specifico e alle strategie aziendali.

Assunzioni Strategiche: DOS e VEO

Il primo passo per un'azienda media grande che vuole avventurarsi nel Web3 è assumere figure professionali altamente specializzate come il DOS (Decentralized Optimization Specialist) e il VEO (Virtual Experience Officer). Queste figure sono essenziali per ottimizzare la presenza nel Web3 e creare esperienze virtuali coinvolgenti.

- Costo medio per un DOS: impotizzimo Tra 80.000 e 150.000 euro annui, a seconda dell'esperienza e del settore.
- Costo medio per un VEO: impotizzimo Tra 100.000 e 200.000 euro annui, considerando la necessità di competenze tecniche e creative.

Creazione del Negozio Virtuale

Un negozio virtuale nel metaverso non è semplicemente un sito web tradizionale. Richiede la progettazione e lo sviluppo di un ambiente 3D interattivo, che includa funzionalità avanzate per la vendita di prodotti e servizi.

- Acquisto di uno spazio nel metaverso: impotizzimo Tra 5.000 e 50.000 euro, in base alla piattaforma scelta (ad esempio, Decentraland o The Sandbox).
- Sviluppo dell'ambiente virtuale: impotizzimo Tra 20.000 e 100.000 euro, a seconda della complessità e del livello di personalizzazione.
- Manutenzione e aggiornamenti: impotizzimo Circa 10.000 euro annui.

Arredamento e Design Virtuale

La creazione di un ambiente virtuale accattivante richiede la collaborazione di designer specializzati.

- Progettazione degli interni virtuali: impotizzimo Tra 15.000 e 50.000 euro, per garantire un'esperienza immersiva e unica.

- Modelli 3D personalizzati: impotizzimo Tra 500 e 5.000 euro per ciascun modello, in base al livello di dettaglio richiesto.

Creazione di Prodotti in NFT

Gli NFT rappresentano un elemento centrale nel Web3, utilizzati per vendere prodotti digitali o offrire vantaggi esclusivi.

- Sviluppo della collezione NFT: impotizzimo Tra 10.000 e 100.000 euro per una collezione di base (50-100 NFT), comprendendo design, smart contract e integrazione.
- Commissioni di minting: impotizzimo Circa 100-500 euro per NFT, variabile in base alla blockchain scelta (ad esempio, Ethereum o Polygon).
- Promozione e marketing degli NFT: impotizzimo Tra 5.000 e 20.000 euro per campagne iniziali.

Infrastruttura Blockchain e Smart Contract

Per garantire un funzionamento sicuro e decentralizzato, le aziende devono investire nella creazione di infrastrutture basate sulla blockchain.

- Sviluppo di smart contract: impotizzimo Tra 5.000 e 50.000 euro, in base alla complessità del codice.
- Hosting su blockchain: impotizzimo Circa 1.000-10.000 euro all'anno, in base al traffico e alla piattaforma.

Formazione del Team Interno

Oltre alle assunzioni, è fondamentale formare il team interno per familiarizzare con le tecnologie Web3.

- Workshop e corsi di formazione: impotizzimo Tra 5.000 e 15.000 euro per sessioni complete.
- Supporto continuo e aggiornamenti: impotizzimo Circa 3.000-5.000 euro annui.

Totale Stimato (ipotettico):

Un'azienda di medie-grandi dimenioni che desidera entrare nel Web3 oggi impotizzimo che deve considerare un investimento iniziale che varia tra 150.000 e 500.000 euro, a seconda dell'ambizione e della complessità del progetto. A ciò si aggiungono costi annuali di manutenzione e aggiornamento che possono aggirarsi tra 50.000 e 100.000 euro.

Attualmente, solo aziende con risorse significative, come Nike e Gucci, hanno intrapreso questo percorso. Nike ha lanciato una collezione di NFT legata a prodotti fisici, creando un ecosistema che unisce collezionisti digitali e clienti tradizionali. Gucci ha investito nella creazione di esperienze immersive nel metaverso, inclusi negozi virtuali e NFT esclusivi.

Questi marchi stanno sperimentando con successo, ma **i loro investimenti superano spesso i milioni di euro,** considerando il costo per il personale, lo sviluppo tecnologico e le campagne di marketing innovative. Questo dimostra che, per ora, il Web3 è un territorio accessibile principalmente alle grandi realtà aziendali.

Un Futuro di Opportunità

Nonostante i costi iniziali elevati, l'ingresso nel Web3 rappresenta un'opportunità unica per le aziende di posizionarsi come innovatori in un mercato emergente. Con il tempo, si prevede che le tecnologie diventino più accessibili e i costi si riducano, rendendo più agevole l'adozione su larga scala. Investire oggi significa essere pronti per il futuro, cogliendo vantaggi competitivi difficilmente replicabili in seguito.

Una Prospettiva Alternativa

Va sottolineato che non è un consiglio di investimento, ma un esempio pratico.

Esistono piattaforme progettate per il business, come **State1.io**, che offrono un modello alternativo per iniziare. Ad esempio, acquistare terreni virtuali su queste piattaforme oggi costa dalle centinaia a qualche migliaio di euro, con pacchetti base per aziende a partire da circa **1.500 euro**, con possibilità di scegliere pacchetti più personalizzabili e complessi.

Questo approccio permette di entrare gradualmente nel Web3 e crescere insieme alla piattaforma, evitando costi iniziali elevati riservati solo a una nicchia di grandi aziende.

È solo un esempio pratico per dimostrare come sia possibile esplorare opportunità più accessibili senza necessariamente sostenere i costi proibitivi che caratterizzano i progetti di marchi come Nike e Gucci.

Capitolo 6: **Legalità, Disclaimer e Dichiarazione Fiscale delle Criptovalute**

L'adozione delle criptovalute e delle tecnologie Web3 comporta implicazioni legali e fiscali che richiedono una chiara comprensione. Questo capitolo fornisce informazioni pratiche per adempiere agli obblighi fiscali, rispettare le normative e navigare in sicurezza nel panorama giuridico delle criptovalute.

Disclaimer

Le informazioni contenute in questo libro sono fornite esclusivamente a **scopo educativo e informativo**. **Non rappresentano consulenza legale, fiscale o finanziaria.** Le normative sulle criptovalute variano da Paese a Paese e **sono in continua evoluzione.** Per una corretta applicazione delle leggi, si raccomanda di consultare professionisti qualificati.

Nota importante: Né l'autore né l'editore sono responsabili per decisioni prese sulla base di queste informazioni. Per consulenze specifiche, rivolgiti a un commercialista esperto in criptovalute o a un avvocato specializzato in diritto finanziario e blockchain.

6.1 Obbligo di Dichiarazione delle Criptovalute

In Italia, le criptovalute sono considerate **attività finanziarie estere** e devono essere dichiarate nel **Quadro RW** della dichiarazione dei redditi, indipendentemente dal valore o dall'eventuale generazione di plusvalenze.

- **Cosa Dichiarare:**

- o Tutte le criptovalute detenute, incluse quelle conservate in wallet personali (hardware o software) e su piattaforme di exchange.
- o Il valore al **1° gennaio dell'anno fiscale di riferimento**, utilizzando il prezzo di mercato disponibile su exchange affidabili.
- **Quando Dichiarare:**
  - o La dichiarazione delle criptovalute deve essere effettuata durante la compilazione del Modello Redditi Persone Fisiche per l'anno fiscale precedente. Ad esempio, per il 2025, le criptovalute detenute al **1° gennaio 2025** e le transazioni avvenute nel 2024 devono essere dichiarate.

6.2 Normative Specifiche per Paese

La regolamentazione delle criptovalute e del Web3 varia in base alla giurisdizione. Di seguito, una panoramica sui requisiti di alcuni Paesi chiave, con un focus sull'Italia.

Italia:

- **Tassazione delle Criptovalute:**
  - o In Italia, le criptovalute sono trattate come attività finanziarie ai fini fiscali. I guadagni derivanti dalla loro vendita sono soggetti a tassazione come redditi diversi, secondo il TUIR (Testo Unico delle Imposte sui Redditi).
  - o La soglia di esenzione è fissata a 51.645,69 euro di giacenza media complessiva per almeno sette giorni consecutivi in tutti i conti.
  - o I guadagni sopra questa soglia sono tassati al 26%.
  - o È obbligatorio dichiarare le criptovalute detenute nel quadro RW della dichiarazione dei redditi, indipendentemente dal fatto che abbiano generato o meno guadagni.
  - o La mancata dichiarazione può comportare sanzioni amministrative e fiscali.
- **Regolamentazione per le Imprese:**

o Le attività che utilizzano blockchain o criptovalute devono rispettare le normative in materia di antiriciclaggio (AML) e Know Your Customer (KYC).

o Le imprese che offrono servizi relativi alle criptovalute devono registrarsi presso l'OAM (Organismo Agenti e Mediatori).

Stati Uniti:

- La tassazione varia in base allo Stato, ma i guadagni da criptovalute sono considerati capital gains e tassati a seconda della durata dell'investimento (a breve o lungo termine).
- Gli exchange devono rispettare rigide normative KYC e AML.

Unione Europea:

- L'UE sta implementando il Regolamento MiCA (Markets in Crypto-Assets), che stabilisce standard uniformi per le criptovalute, inclusi obblighi di trasparenza per gli emittenti e requisiti di licenza per gli exchange.
- I residenti UE sono tenuti a dichiarare i guadagni derivanti da attività con criptovalute nei rispettivi Paesi.

Svizzera:

- La Svizzera è considerata una "crypto-friendly" e applica una tassazione favorevole per individui e aziende. Le criptovalute sono soggette a tassazione come proprietà, ma i guadagni personali non professionali sono generalmente esentasse.

Regno Unito:

- Le criptovalute sono tassate come capital gains, con esenzioni per piccoli guadagni.
- Le aziende che utilizzano criptovalute devono rispettare le normative fiscali e AML.

6.3 Tassazione delle Plusvalenze

Le plusvalenze derivanti dalla vendita o dallo scambio di criptovalute sono tassabili in Italia con un'aliquota del **26%**, ma solo se si verifica una specifica condizione:

- **Soglia di Esenzione**:
  - La tassazione si applica solo se la **giacenza media complessiva** delle criptovalute detenute supera **51.645,69 euro** per almeno **sette giorni lavorativi consecutivi** durante l'anno fiscale.
- **Come Calcolare la Giacenza Media**:
  - Somma i valori giornalieri delle criptovalute detenute durante l'anno fiscale.
  - Dividi il totale per il numero di giorni.
  - Confronta il risultato con la soglia di 51.645,69 euro.
- **Dove Dichiarare le Plusvalenze**:
  - Le plusvalenze devono essere riportate nel **Quadro RT** della dichiarazione dei redditi.

6.4 Lavoratori Dipendenti e Dichiarazione

Essere un lavoratore dipendente non esonera dagli obblighi fiscali relativi alle criptovalute. Anche se percepisci un reddito da busta paga, devi:

- **Compilare il Quadro RW** per dichiarare le criptovalute detenute.
- **Indicare nel Quadro RT** eventuali plusvalenze derivanti dalla vendita o dallo scambio di criptovalute.

Nota: La dichiarazione dei redditi tramite il modello 730 non permette di inserire il Quadro RW o RT. In questo caso, è necessario compilare il **Modello Redditi Persone Fisiche**.

6.5 Rischi e Sanzioni

La mancata dichiarazione delle criptovalute può comportare gravi conseguenze legali e finanziarie:

- **Sanzioni Amministrative:**
  - Dal **3% al 15%** del valore non dichiarato, aumentate al **6%-30%** per attività detenute in Paesi a fiscalità agevolata.
- **Sanzioni Fiscali:**
  - Per le plusvalenze non dichiarate, si applicano interessi e penalità, oltre all'imposta dovuta.

6.6 Come Possono Essere Rilevate le Criptovalute

Anche in uno scenario decentralizzato, le autorità fiscali possono individuare le criptovalute attraverso:

1. **Exchange Centralizzati (CEX):**
   - Gli exchange regolamentati (es. Binance, Coinbase) richiedono KYC (Know Your Customer) e possono condividere i dati con le autorità.
2. **Monitoraggio Blockchain:**
   - Le transazioni su blockchain pubbliche sono trasparenti. Strumenti avanzati come Chainalysis possono collegare wallet a identità.
3. **Trasferimenti Bancari:**
   - Il ritiro di fondi da wallet a conti bancari tradizionali è tracciabile.
4. **Collaborazione Internazionale:**
   - Accordi come il Common Reporting Standard (CRS) facilitano lo scambio di informazioni tra governi.

6.7 Professionisti da Consultare e Materie di Studio

Per adempiere correttamente agli obblighi fiscali e legali, è fondamentale affidarsi a professionisti esperti. Di seguito le figure principali e il percorso di studi raccomandato:

- **Commercialista Specializzato in Criptovalute**:
  - o Percorso di studi: Laurea in Economia o Scienze Finanziarie, con specializzazione in fiscalità internazionale e valute digitali.
  - o Competenze: normativa fiscale italiana, compilazione del Quadro RW/RT, calcolo delle plusvalenze.
- **Avvocato Esperto in Diritto Finanziario e Blockchain**:
  - o Percorso di studi: Laurea in Giurisprudenza, con master o corsi su diritto finanziario, smart contract e normative blockchain.
  - o Competenze: compliance legale per progetti blockchain, contratti intelligenti, gestione di controversie fiscali.
- **Consulenti Blockchain**:
  - o Percorso di studi: Laurea in Informatica o Ingegneria, con certificazioni specifiche su tecnologie blockchain.
  - o Competenze: supporto tecnico-legale per l'uso di wallet decentralizzati e piattaforme DeFi.

6.8 Consigli Pratici

Per gestire correttamente le criptovalute e adempiere agli obblighi fiscali:

1. **Documenta Tutte le Transazioni**:
   - o Conserva una traccia di ogni acquisto, vendita, scambio o trasferimento.
   - o Usa strumenti come CoinTracking o Koinly per generare report dettagliati.
2. **Utilizza Wallet Sicuri**:
   - o Mantieni le chiavi private protette e utilizza wallet hardware per una maggiore sicurezza.
3. **Verifica le Normative Annualmente**:
   - o Le leggi sulle criptovalute sono in continua evoluzione. Consulta un esperto per aggiornamenti.
4. **Non Affidarti al Caso**:
   - o Evita errori compilando la dichiarazione con l'assistenza di un commercialista esperto.

Questo libro è a scopo informativo.

Le normative fiscali possono variare e richiedere adattamenti. Per una gestione ottimale e senza rischi, affidati a professionisti esperti.

Se sei arrivato fin qui, significa che possiedi la curiosità e il coraggio di esplorare il futuro con una mente aperta. Per questo, ho scelto di condividere con te un pensiero.

Alla fine del libro, ho incluso una sezione speciale: 100 domande e risposte, pensata per aiutarti a ripassare e chiarire ulteriormente nozioni o concetti ancora inesplorati o nuovi.

Per i più audaci, un pensiero in più:
Come trasferire un dominio dal Web2 al Web3?

Guida Completa: Rivendicare un Dominio Web2 su Web3

Questa guida ti aiuterà a rivendicare e configurare un dominio su Web3, semplificando un argomento che per molti è ancora ignoto. Usando come esempio pratico il dominio traslochimilano.online (registrato su register.it nel web2, creato interamente grazie all'intelligenza artificiale da intelligenza-ai.com e supportato dal token MOGA acquistabile su Matcha.xyz), esploreremo come rivendicare e configurare un dominio Web3 e sfruttarne i benefici oggi, preparandoti per il futuro.

Rivendicare un dominio sul Web3 significa che puoi mantenere la proprietà del dominio anche sulla blockchain, mentre il dominio Web2 continua a funzionare normalmente come sempre.

Differenza tra i siti nel Web2 e quelli nel Web3

I siti Web2 sono quelli che usiamo quotidianamente, come social network, blog o e-commerce. Funzionano su server centralizzati e sono accessibili tramite domini tradizionali (es. example.com) registrati con registrar come Register, GoDaddy. Google può facilmente scansionarli e indicizzarli per renderli ricercabili, grazie al sistema DNS che collega i domini agli indirizzi IP dei server.

I siti Web3, invece, sono decentralizzati. Sono ospitati su reti come IPFS, senza dipendere da un server centrale. Usano domini ENS o simili (es. example.eth), che funzionano su blockchain e non sono collegati al DNS tradizionale. Gli utenti accedono a questi siti tramite wallet crittografici e browser compatibili, come Brave o estensioni tipo MetaMask. I dati appartengono agli utenti, garantendo maggiore privacy e controllo.

1. Perché Web2 e Web3 non sono compatibili

Indicizzazione: Google non può scansionare direttamente i contenuti su reti decentralizzate come IPFS, e i domini ENS non sono compatibili con il sistema DNS.

Accessibilità: I siti Web3 non sono visualizzabili sui normali browser senza strumenti aggiuntivi.

Tecnologie Diverse: Web2 si basa su infrastrutture centralizzate, mentre Web3 usa blockchain, che richiede modalità di accesso e gestione completamente diverse.

I siti Web2 non spariranno, ma "a breve" potrebbero essere considerati obsoleti e meno innovativi per applicazioni avanzate. Molte aziende sceglieranno un approccio ibrido, mantenendo un sito Web2 per i contenuti tradizionali e uno Web3 per nuove funzionalità.

2. Come funzionano i domini

- Web2: Domini tradizionali sono registrati tramite registrar centralizzati e **possono essere revocati e scadere.**
- Web3: Domini come ENS sono NFT sulla blockchain. Una volta acquistati, **appartengono al proprietario e non possono essere revocati**, garantendo maggiore sicurezza e proprietà.

Web2 e Web3 sono mondi tecnologici diversi, e la transizione richiederà tempo e adattamenti per garantire piena interoperabilità.

Il Web3 offre un'opportunità unica per le aziende di affermare la loro presenza in un ecosistema decentralizzato, garantendo maggiore sicurezza, controllo e innovazione. **Rivendicare il proprio dominio nel Web3 è il primo passo per entrare in questo nuovo mondo digitale.**

Ora che abbiamo visto che, inevitabilmente, un'azienda purtroppo non può rilassarsi pensando di avere già un sito web tradizionale, perché questo sarebbe limitante nel futuro **vediamo come procedere con la rivendicazione del dominio**

Prima di iniziare, **è necessario avere un portafoglio compatibile con Ethereum, come Coinbase o MetaMask** e aver installato l'estensione del tuo portafoglio nel browser che utilizzerai. Il wallet è lo strumento principale per gestire domini Web3 e altre risorse digitali.

Se non hai familiarità con l'uso del wallet, è consigliabile aspettare e imparare prima di procedere. Utilizzarlo in modo errato, ad esempio scegliendo la rete sbagliata, potrebbe comportare la perdita di fondi.

Rivendicare il dominio

Esempio: traslochimilano.online

Per prima cosa accedi al sito https://app.ens.domains/ ENS (Ethereum Name Service) e collega il tuo wallet.

Dopo cerca il dominio che desideri.

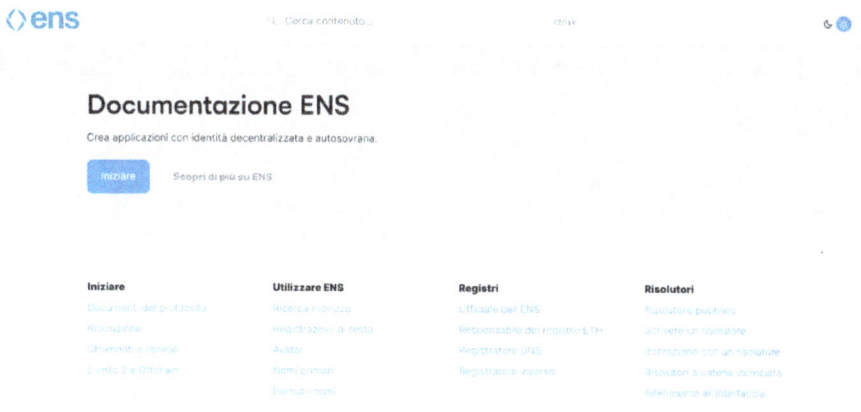

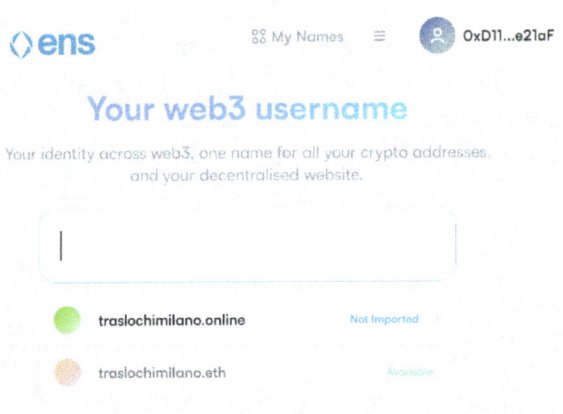

Una volta individuato, avvia il processo di rivendicazione. ENS fornirà un codice TXT da inserire nel pannello DNS del dominio sulla piattaforma Web2 che ospita il dominio (sempre nel DNS Abilita il DNSSEC).

Quindi Inserisci il record TXT fornito da ENS. Questo step verifica che sei effettivamente il proprietario del dominio Web2.

Salva le modifiche e attendi che il sistema propaghi i nuovi record. Questo potrebbe richiedere qualche minuto.

Dopo aver aggiornato i record DNS, torna su ENS e avvia la verifica. Se i record sono correttamente configurati, la verifica di proprietà sarà completata con successo. Il dominio Web2 sarà ora rivendicato sul Web3.

Registrazione del dominio su blockchain

In automatico si aprirà il tuo wallet sul PC con lo smart contract precompilato, pronto per essere firmato con un click (e per pagare il gas richiesto). Nota: dovrai eseguire tutto questo da un PC e assicurarti di aver già installato l'estensione del tuo portafoglio nel browser che utilizzerai.

1. Firma con lo smart contract: ENS ti chiederà di firmare un'operazione con il tuo wallet per registrare il dominio su blockchain.

- Nel caso di **traslochimilano.online,** questo passaggio è costato circa $1 in Ethereum per firmare lo smart contract.

1. Pagamento della registrazione su blockchain: Una volta firmato, dovrai completare la registrazione del dominio sul Web3.

- Questo passaggio è costato circa $65 in Ethereum, variabile in base alle condizioni della rete (congestione, gas fees).

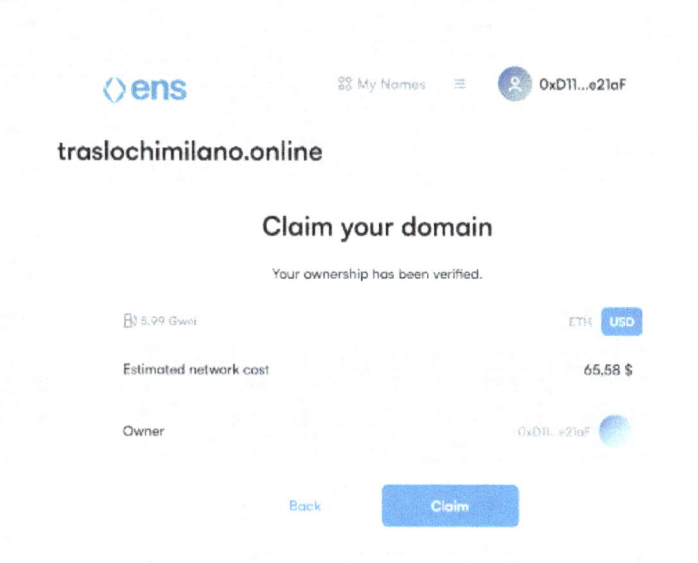

Una volta pagati i costi, il dominio sarà tuo.

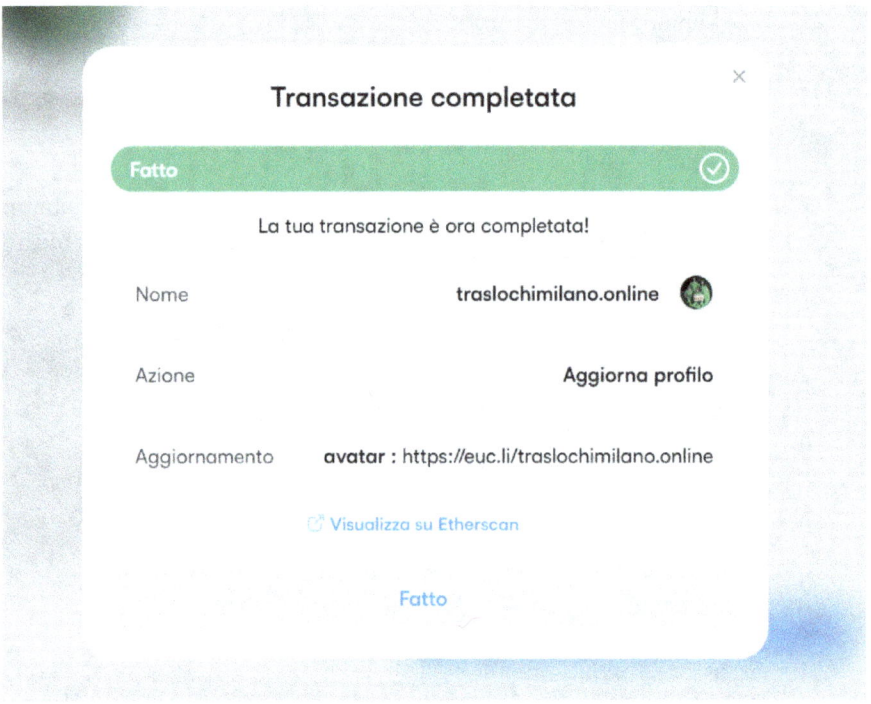

Conferma della proprietà: Il dominio ora è rivendicato e registrato su blockchain
Dopo il secondo pagamento, ENS ti confermerà che il dominio è stato registrato su blockchain.

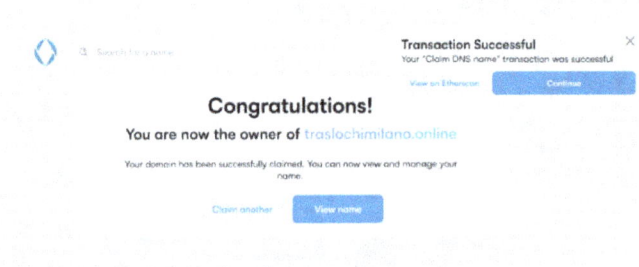

Configurazione del dominio Web3

Ora puoi personalizzare il tuo dominio Web3 aggiungendo: Logo o Avatar: Puoi caricare un'immagine per rappresentare il dominio. Collegamento al sito Web2: Inserisci l'URL del sito originale (es. https://traslochimilano.online) per mantenere un legame tra le due versioni del dominio.

Ogni modifica richiede una transazione sulla blockchain e comporta un costo in gas fees.

I gas fees rappresentano il costo delle risorse computazionali necessarie per eseguire le operazioni su blockchain. Ogni volta che firmi uno smart contract o modifichi un dominio, stai pagando una tariffa per "alimentare" la rete. Questi costi variano a seconda della congestione della rete Ethereum e del tipo di smart contract, importanza e complessità.

Perché si chiamano "gas fees"? L'idea è simile alla benzina per un'automobile: paghi per far funzionare la rete Ethereum. Più complessa è l'operazione, maggiore sarà il consumo di gas.

Perché iniziare ora? **Il futuro del Web3 è già iniziato.**

100 Domande per Navigare il Futuro Digitale
Cos'è la Blockchain e perché Esiste?

1.Cos'è una blockchain e come funziona?

La blockchain è un registro digitale distribuito, immutabile e condiviso, progettato per registrare transazioni o dati in modo sicuro e trasparente. È composto da una catena di blocchi, ognuno contenente un insieme di dati, un riferimento al blocco precedente (hash) e una marca temporale. Ogni blocco viene aggiunto tramite un processo di consenso tra i partecipanti alla rete, eliminando la necessità di un intermediario centrale.

2.Chi ha creato la blockchain?

La **blockchain è stata introdotta nel 2008** da una persona o gruppo di persone con lo pseudonimo di *Satoshi Nakamoto* . È stata progettata

come base per Bitcoin, la prima criptovaluta, con l'obiettivo di creare un sistema di pagamento digitale decentralizzato, trasparente e resistente alla censura, che non dipende dalle istituzioni centrali come banche o governi.

3.Quale problema voleva risolvere la blockchain?

Bitcoin , creata nel 2009. Il problema che voleva risolvere era il "doppio pagamento" (double - spending), una vulnerabilità nelle valute digitali che permette a un utente di spendere lo stesso denaro più volte. La blockchain di Bitcoin risolve questo problema garantendo che ogni transazione sia verificata e registrata in un registro immutabile e trasparente.

4.Chi guida la blockchain? Esiste un amministratore?

Nelle blockchain pubbliche (come Bitcoin o Ethereum), non esiste un amministratore centrale. La rete è gestita dai partecipanti (nodi) che convalidano e registrano le transazioni tramite meccanismi di consenso (es.: *Proof of Work* o *Proof of Stake*).

Tuttavia, nelle blockchain private o consortili, un ente o gruppo può avere un controllo maggiore.

5.Qual è la differenza tra blockchain pubblica e privata?

- **Blockchain pubblica:** Aperta a chiunque, chiunque può partecipare, verificare transazioni e aggiungere blocchi. Esempi: Bitcoin, Ethereum.
- **Blockchain privata:** Accesso limitato, solo gli utenti autorizzati possono partecipare. È spesso utilizzata da aziende o istituzioni. Esempi: Hyperledger, Corda.
- **Principale differenza:** Nelle blockchain pubbliche, la decentralizzazione è più forte, mentre le private offrono maggiore controllo e privacy.

6.Come viene mantenuta la sicurezza in una blockchain?

La sicurezza è garantita da:

- **Crittografia:** protegge i dati e le transazioni.
- **Meccanismi di consenso:** (es. *Proof of Work* , *Proof of Stake*) assicurano che solo i blocchi validi verranno aggiunti.
- **Decentralizzazione:** poiché il registro è distribuito su molti nodi, è estremamente difficile attaccare o manipolare la rete.
- **Immutabilità:** Una volta aggiunto un blocco, modificarlo richiederebbe il consenso della maggioranza della rete.

7.Cosa significa che la blockchain è "immutabile"?

L'immutabilità significa che una volta che un blocco viene aggiunto alla blockchain, non può essere modificato o cancellato. Questo è garantito dall'uso della crittografia e dai collegamenti tra i blocchi tramite hash. Per alterare un blocco, sarebbe necessario modificare anche tutti i blocchi successivi, cosa praticamente impossibile nelle blockchain pubbliche a causa della decentralizzazione.

8.Perché la blockchain è considerata decentralizzata?

La blockchain è decentralizzata perché il registro è distribuito su una rete di nodi indipendenti, ognuno dei quali possiede una copia completa del registro. Non esiste un singolo punto di controllo o autorità centrale, quindi le decisioni vengono prese collettivamente attraverso meccanismi di consenso.

9.Quali sono i principali vantaggi della blockchain rispetto ai database tradizionali?

- **Trasparenza:** Tutte le transazioni sono visibili e verificabili da chiunque.
- **Immutabilità:** I dati una volta registrati non possono essere modificati.
- **Sicurezza:** la decentralizzazione e la crittografia rendono la blockchain resistente agli attacchi.
- **Eliminazione degli intermediari:** Le transazioni avvengono direttamente tra le parti.
- **Efficienza:** Ridurre i tempi di verifica e registrazione in alcune applicazioni (es.: pagamenti transfrontalieri).

10.Esistono svantaggi o limiti nell'uso della blockchain?

- **Scalabilità:** le blockchain pubbliche possono essere lente e costose, specialmente durante periodi di alto traffico.
- **Consumo energetico:** Alcuni meccanismi di consenso (es. *Proof of Work*) richiedono grandi quantità di energia.

- **Privacy limitata:** Nelle blockchain pubbliche, tutte le transazioni sono visibili, anche se anonime.
- **Costo iniziale:** Creare e mantenere una blockchain può essere costoso.
- **Integrazione complessa:** Implementare soluzioni blockchain nei sistemi tradizionali può richiedere tempo e competenze tecniche avanzate.

Criptovalute, Token e Coin

11.Cos'è una criptovaluta e come funziona?

Una criptovaluta è una forma di valuta digitale basata sulla crittografia e utilizzata su una rete blockchain decentralizzata. Funziona come mezzo di scambio, riserva di valore o strumento di governance, senza bisogno di intermediari come banche. Le transazioni vengono verificate dai partecipanti della rete e registrate in modo immutabile sulla blockchain.

12.Qual è la differenza tra una cripto valuta, un gettone (token) e una moneta (coin)?

Ecco una spiegazione chiara delle differenze tra criptovaluta , moneta e gettone :

Criptovaluta

- È un termine generico che indica qualsiasi valuta digitale basata su tecnologia blockchain e crittografia.
- Può essere utilizzato come mezzo di scambio, riserva di valore o strumento di pagamento.
- Esempi: Bitcoin, Ether, Solana.
- Caratteristiche comuni:
  - o Decentralizzata (nella maggior parte dei casi).
  - o Sicura grazie alla crittografia.

o Registrato su una blockchain.

Coin

- È una criptovaluta nativa di una specifica blockchain.
- Serve principalmente per pagare le transazioni sulla rete blockchain di cui è parte e può anche essere utilizzata per staking o incentivi.
- Esempi:
  - o Bitcoin (BTC) per la blockchain Bitcoin.
  - o Ether (ETH) per la blockchain Ethereum.
  - o SOL per Solana.
- Caratteristiche:
  - o Direttamente legata alla rete blockchain che la genera.
  - o Utilizzata per mantenere il funzionamento della rete (es.: commissioni di transazione, staking).
  - o Non dipende da un'altra blockchain.

Gettone (Token)

- È un'unità digitale creata sopra una blockchain esistente, ma non nativa di quella blockchain.
- Può rappresentare una vasta gamma di valori o diritti, come accedere a servizi, governance, proprietà di beni fisici o digitali, ecc.
- Tipi di token:
  - o Token di utilità: fornisce accesso a un prodotto o servizio (es.: BNB su Binance Smart Chain).
  - o Token di sicurezza: Rappresenta una quota di proprietà di un asset finanziario o aziendale.
  - o Token di governance: Permette di votare decisioni in una piattaforma o DAO (es.: UNI per Uniswap).
  - o NFT (Non-Fungible Token): Rappresenta oggetti unici, non intercambiabili, come arte digitale.
- Esempi:
  - o USDT (Tether) sulla blockchain Ethereum.

161

- o Chainlink (LINK) sulla blockchain di Ethereum.
- Caratteristiche:
  - o Creato utilizzando standard come ERC-20 (Ethereum) o BEP-20 (Binance Smart Chain).
  - o Dipende dalla blockchain sottostante per funzionare.
  - o Può essere scambiato o utilizzato in applicazioni specifiche.

Principali differenze tra monete e gettoni

Aspetto	Coniare	Gettone
Originario di una blockchain?	Sì (es.: BTC, ETH)	No, è costruito su una blockchain (es.: USDT su Ethereum).
Funzione principale	Pagare transazioni, staking, sicurezza della rete.	Accesso a servizi, governance, rappresentazione di beni.
Esempi	Bitcoin, Ether, Solana.	: USDT, LINK, AAVE, NFT.
Indipendenza	È parte della propria blockchain.	Dipende da una blockchain esistente.

13.Perché esistono nomi come Ethereum, che è sia una blockchain che una criptovaluta?

Ethereum è il nome della blockchain che supporta smart contract e applicazioni decentralizzate, mentre *Ether* (ETH) è la criptovaluta nativa di questa rete, usata per pagare le commissioni di transazione e per incentivare i validatori.

14.Cos'è un token di governance?

Un token di governance dà ai suoi possessori il diritto di partecipare alle decisioni di una rete o piattaforma. Gli utenti possono votare su modifiche alle regole, allocazione di fondi o sviluppo di progetti. Esempio: COMP (Composto).

15.Cosa significa che un token è "fungibile" o "non fungibile" (NFT)?

- **Fungibile:** Ogni unità ha lo stesso valore e può essere scambiata con un'altra. Esempio: 1 BTC = 1 BTC.
- **Non fungibile (NFT):** Ogni unità è unica e non intercambiabile. Esempio: un NFT rappresenta un'opera d'arte digitale o un certificato di proprietà.

16.Perché alcune blockchain come Polygon o Solana hanno le loro criptovalute?

Ogni blockchain ha una criptovaluta nativa per:

1. Pagare le transazioni sulla rete.
2. Incentivare i validatori.
3. Alimentare applicazioni e servizi specifici della blockchain.

17.A cosa serve una moneta specifica per una blockchain?

Una moneta specifica viene utilizzata per:

1. Pagare le commissioni di transazione.
2. Garantire la sicurezza della rete (es. staking nei meccanismi *Proof of Stake*).
3. Fornire liquidità per le applicazioni decentralizzate.

18.Come si crea un token e quali costi sono coinvolti?

Un token può essere creato utilizzando lo standard come ERC-20 su Ethereum. I costi includono:

1. Creazione del codice del token (può essere gratuito con strumenti preconfigurati).
2. Commissioni di transazione sulla scelta blockchain (su Ethereum possono essere decine o centinaia di euro, mentre Polygon è molto più economico).

19.Che differenza c'è tra Bitcoin e tutte le altre criptovalute?

- **Bitcoin:** è la prima criptovaluta, progettata come riserva di valore e mezzo di pagamento.
- **Altre criptovalute:** Offrono funzionalità aggiuntive, come smart contract (Ethereum), velocità superiore (Solana), o scalabilità migliorata (Polygon).

20.Cosa determina il valore di una criptovaluta?

1. **Domanda e offerta.**
2. **Utilità:** Capacità di risolvere problemi pratici.
3. **Adozione:** Quanti utenti e aziende la utilizzano.
4. **Speculazione:** Prospettive di crescita futura.
5. **Scarsità:** Alcune criptovalute hanno un limite massimo di offerta (es. Bitcoin).

Utilità Pratica della Blockchain

21.Come si usa la blockchain nella vita quotidiana?

1. Pagamenti con criptovalute.
2. Acquisto di beni digitali (NFT).
3. Certificazione di documenti e contratti.
4. Tracciabilità di prodotti e filiere.
5. Partecipazione a DAO.

22.Quali settori stanno adottando la blockchain più rapidamente in questo momento?

1. Finanza (DeFi).
2. Arte e intrattenimento (NFT).
3. Logistica (tracciabilità).
4. Sanità (gestione dati sanitari).
5. Immobiliare (tokenizzazione di proprietà).

23.Cos'è un portafoglio digitale (wallet) e come funziona?

Un portafoglio digitale conserva le chiavi private che consentono l'accesso alle criptovalute. Consente di inviare, ricevere e gestire fondi in modo sicuro.

24.Come posso comprare e vendere criptovalute?

1. Usa un exchange (es. Binance, Coinbase).
2. Acquista direttamente con carta di credito o bonifico bancario.
3. Vendi criptovalute tramite lo stesso scambio o piattaforme peer-to-peer.

25.La blockchain è usata solo per le criptovalute?

No. La blockchain è utilizzata per:

1. Contratti.
2. Tracciabilità.
3. Tokenizzazione di asset fisici e digitali.
4. Gestione della proprietà intellettuale.

26.Cosa sono gli smart contract e perché sono importanti?

Gli smart contract sono programmi che eseguono automaticamente condizioni predefinite sulla blockchain. Eliminano gli intermediari, garantendo transazioni più rapide, sicure e trasparenti.

27.Posso trasferire beni fisici su una blockchain?

Non direttamente, ma possono essere rappresentati digitalmente tramite token (es. NFT per un'opera d'arte o una proprietà).

28.Qual è il ruolo della blockchain nel Web3?

La blockchain è il cuore del Web3, fornendo decentralizzazione, trasparenza e proprietà digitali per applicazioni, dati e interazioni.

29.La blockchain può essere utilizzata per salvare documenti o dati?

Sì, ma per motivi di costo ed efficienza, spesso si salvano solo hash dei dati (impronte digitali) anziché l'intero contenuto.

30.Come posso iniziare a utilizzare la blockchain per il mio business?

1. Identifica un problema che la blockchain può risolvere (es. tracciabilità, tokenizzazione).
2. Scegli una blockchain adatta al tuo caso d'uso.
3. Collabora con sviluppatori o esperti per implementare la soluzione

Decentralizzazione e Sicurezza

31.Cosa significa che una rete è "decentralizzata"?

Una rete decentralizzata non ha un'autorità centrale. Le informazioni e le decisioni sono distribuite tra più nodi, eliminando la necessità di un intermediario. Ogni nodo nella rete ha accesso ai dati e contribuisce al consenso collettivo.

32.La decentralizzazione è sempre un vantaggio?

No, presenta sia vantaggi che svantaggi:

- **Vantaggi:** Maggiore sicurezza, trasparenza e resistenza alla censura.
- **Svantaggi:** Può essere meno efficiente, con tempi più lunghi per il consenso e costi più elevati rispetto a sistemi centralizzati.

33.Come vengono protetti i dati personali sulla blockchain?

I dati personali vengono spesso memorizzati off-chain per proteggere la privacy. Sulla blockchain vengono salvati hash crittografici dei dati, che fungono da impronte digitali, evitando che le informazioni sensibili siano accessibili.

34.Perché la blockchain è difficile da hackerare?

1. **Decentralizzazione:** L'attaccante dovrebbe compromettere la maggioranza dei nodi (oltre il 50%).
2. **Crittografia:** Ogni blocco è protetto da algoritmi avanzati.

3. **Immutabilità:** alterare un blocco richiederebbe la modifica di tutti i blocchi successivi su ogni nodo.

35.Esistono rischi legati all'uso della blockchain?

Sì, tra cui:

- **Errori nei contratti intelligenti:** Bug nel codice può causare perdite.
- **Costi elevati:** Alcune blockchain, come Ethereum, possono essere costose.
- **Scalabilità limitata:** Le blockchain pubbliche possono diventare lente.
- **Rischi legali:** Mancanza di regolamentazioni chiare in alcuni paesi.

36.Cosa succede se un nodo della blockchain viene spento?

La rete continua a funzionare normalmente. La blockchain è progettata per essere resiliente: anche se alcuni nodi si spengono, gli altri mantengono una copia del registro.

37.Chi può partecipare a una rete blockchain?

- **Blockchain pubblica:** chiunque può unirsi, verificare transazioni e creare blocchi.
- **Blockchain privata:** Solo gli utenti autorizzati possono accedere.

38. Come si risolvono le controversie in una rete decentralizzata?

Le controversie vengono risolte attraverso il meccanismo di consenso della rete. Inoltre, per decisioni complesse, si possono utilizzare sistemi di governance decentralizzata, come le votazioni in una DAO.

39. Che cos'è il consenso nella blockchain e quali sono i suoi tipi (PoW, PoS, ecc.)?

Il consenso è il meccanismo con cui i nodi concordano sull'aggiunta di un nuovo blocco alla blockchain. I principali tipi sono:

- **Proof of Work (PoW):** Risoluzione di problemi complessi (es. Bitcoin).
- **Proof of Stake (PoS):** Validatori scelti in base alla quantità di criptovaluta in staking (es. Ethereum 2.0).
- **Proof of Stake delegato (DPoS):** Validatori eletti dai possessori di token.
- **Prova di autorità (PoA):** Validatori autorizzati.

40. Quali sono i problemi di scalabilità della blockchain?

1. **Lentezza delle transazioni:** Soprattutto su blockchain pubbliche come Ethereum.
2. **Commissioni elevate:** Aumentano con il traffico di rete.
3. **Capacità limitata:** Numero ridotto di transazioni per secondo rispetto a sistemi centralizzati.

Ethereum, Polygon, Solana e altre Blockchain

41.Perché Ethereum è considerata una blockchain così importante?

Ethereum è stata la prima blockchain a supportare gli smart contract, consentendo lo sviluppo di applicazioni decentralizzate (dApp) e l'adozione di standard per token come ERC-20 (criptovalute) ed ERC-721 (NFT).

42.Quali sono le differenze tra Ethereum, Polygon e Solana?

- **Ethereum:** sicura e decentralizzata, ma costosa e lenta.
- **Polygon:** Rete Layer 2 per Ethereum, offre transazioni più economiche e rapide.
- **Solana:** Alta velocità e basse commissioni, ma meno decentralizzata rispetto a Ethereum.

43.Cos'è una rete Layer 2 come Polygon?

È una soluzione integrata sopra una blockchain principale (Layer 1) per migliorare la scalabilità e ridurre i costi, mantenendo la sicurezza della rete principale.

44.Perché Solana è famosa per la sua velocità?

Utilizza il meccanismo **Proof of History (PoH)** , che organizza le transazioni in sequenze temporali, rendendo il processo più rapido rispetto al PoW o PoS.

45.Qual è il costo medio di una transazione su Ethereum rispetto a Polygon o Solana oggi?

- **Ethereum:** Tra €5 e €50 a seconda del traffico.
- **Poligono:** Inferiore a €0,01.
- **Solana:** Inferiore a €0,05.

46.Cosa rende una blockchain più adatta per certi progetti rispetto ad altri?

1. **Scalabilità:** progetti con alto volume di transazioni preferiscono blockchain veloci come Solana.
2. **Sicurezza:** per applicazioni critiche, Ethereum è la scelta migliore.
3. **Costo:** Polygon è ideale per progetti economici.

47.Posso trasferire asset digitali da una blockchain all'altra?

Sì, tramite *bridge* o strumenti che collegano diverse blockchain. Ad esempio, puoi trasferire token da Ethereum a Polygon.

48.Qual è il ruolo di Ethereum nello sviluppo del Web3?

Ethereum è il fulcro del Web3 grazie alla sua capacità di supportare smart contract, dApp e tokenizzazione, rendendolo il principale ecosistema per innovazioni decentralizzate.

49.Come posso scegliere la blockchain giusta per il mio progetto?

Considera:

1. **Scalabilità e velocità.**
2. **Costi di transazione.**
3. **Sicurezza e decentralizzazione.**
4. **Community e strumenti di sviluppo disponibili.**

50.Esiste la blockchain completamente gratuita?

Non esattamente. Anche le blockchain economiche, come Polygon, richiedono commissioni di transazione minime per garantire sicurezza e validità delle operazioni.

DAO e Organizzazioni Decentralizzate

51.Cos'è una DAO e come differisce da un'organizzazione tradizionale?

Una DAO (*Organizzazione Autonoma Decentralizzata*) è un'organizzazione governata tramite regole codificate in smart contract su una blockchain, senza autorità centrale. A differenza di un'organizzazione tradizionale:

- Non ha gerarchie rigide, ma decisioni basate sul consenso dei membri.
- Le operazioni sono trasparenti e registrate su blockchain.
- Le regole di governance sono automatizzate e immutabili.

52.Qual è il vantaggio di gestire un'organizzazione come una DAO?

- **Trasparenza:** Ogni decisione e transazione è visibile a tutti.
- **Decentralizzazione:** nessun singolo individuo o ente ha il controllo totale.

- **Efficienza:** le regole automatizzate riducono i costi amministrativi.
- **Partecipazione:** Ogni membro può contribuire e votare.

53.Come si creano e gestiscono i fondi di una DAO?

- I fondi vengono solitamente raccolti tramite *crowdfunding* o vendita di token.
- Gli smart contract gestiscono automaticamente i fondi in base alle regole stabili (es.: approvazione tramite voto).
- Le transazioni sono trasparenti e registrate sulla blockchain.

54.Chi prende le decisioni all'interno di una DAO?

Le decisioni vengono prese dai membri tramite un sistema di voto.
Ogni voto è spesso ponderato in base ai token di governance posseduti.

55.Cosa succede se i membri di una DAO non sono d'accordo?

- Le decisioni seguono le regole stabilite nello smart contract (es.: quorum minimo).
- Se un conflitto persiste, i membri possono scegliere di biforcare la DAO, creando due versioni separate.

56.Quali sono gli strumenti più utilizzati per creare DAO?

1. **Aragona** aragona .org
2. **DAOstack** daostack .io
3. **Colonia** colonia .io

57.Posso creare una DAO senza conoscere il coding?

Sì, strumenti come Aragon o DAOstack offrono interfacce intuitive per creare DAO senza scrivere codice.

58.Quali sono i costi per mantenere operativa una DAO?

- Commissioni di transazione per l'esecuzione di smart contract.
- Costi di sviluppo iniziali.
- Eventuali spese per strumenti di governance o gestione.

59.Le DAO possono gestire aziende tradizionali?

Sì, una DAO può essere utilizzata per gestire aziende tradizionali, ad esempio per votare decisioni aziendali, gestire fondi o coordinare progetti globali.

60.Come si possono usare le DAO per progetti creativi?

- **Gestione della comunità artistica.**
- **Finanziamento collettivo per opere d'arte.**
- **Distribuzione di diritti e profitti tramite token.**

Governance e Tokenomics

61.Cos'è la governance decentralizzata?

È un modello decisionale in cui le regole sono stabilite da una comunità distribuita e applicata tramite smart contract.

62.Come funzionano i voti in una DAO?

Ogni membro vota le sue proposte. I voti possono essere ponderati in base ai token di governance posseduti.

63.Cos'è il quorum minimo e perché è importante?

Il quorum minimo è la percentuale minima di partecipazione richiesta per rendere valida una decisione. Serve a evitare che un piccolo gruppo controlli le decisioni.

64.Qual è la differenza tra maggioranza semplice e supermaggioranza?

- **Maggioranza semplice:** 50% +1 dei voti.
- **Supermaggioranza:** Richiede una percentuale più alta (es.: 2/3 o 75%).

65.Come vengono distribuiti i token di governance?

- Vendita pubblica (*ICO* o *IDO*).
- Distribuzione ai fondatori e primi membri.
- Ricompense per contributi alla DAO.

66..Cosa significa "tokenomics"?

È lo studio della struttura economica di un token, che include distribuzione, utilizzo e incentivi per gli utenti.

67.Quali sono i fattori chiave per una tokenomics di successo?

1. **Utilità del token.**
2. **Distribuzione equilibrata.**
3. **Meccanismi di incentivi chiari.**
4. **Controllo della pressione o scarsità.**

68.I token di governance hanno valore economico?

Sì, possono essere scambiati su mercati aperti e avere un valore legato all'utilità o alla domanda.

69.Cosa succede se qualcuno accumula troppi token di governance?

Può esercitare un'influenza sproporzionata sulle decisioni. Alcuni DAO introducono limiti o modelli di voto alternativi per ridurre questo rischio.

70.Posso partecipare a una DAO senza possedere token?

Dipende dalla DAO. Alcuni richiedono token per votare, mentre altre consentono contributi senza possedere token.

Innovazioni e Futuro del Web3

71.Come si integrano le DAO nel metaverso?

Le DAO possono gestire proprietà virtuali, governare spazi digitali e prendere decisioni collettive sulle esperienze offerte nel metaverso.

72.Quali sono i settori emergenti nel Web3?

1. Finanza decentralizzata (DeFi).
2. Gioco e metaverso.
3. NFT e proprietà digitale.
4. Sanità decentralizzata.
5. Identità digitale.

73.Il Web3 sarà accessibile a tutti o solo a una minoranza?

L'obiettivo del Web3 è essere inclusivo, ma l'accesso dipenderà da infrastrutture, alfabetizzazione digitale e costi iniziali.

74.Come si stanno evolvendo le blockchain per ridurre il loro impatto ambientale?

*   Passaggio da **Proof of Work (PoW)** a **Proof of Stake (PoS)** .
*   Sviluppo di blockchain a basso consumo energetico (es.: Solana, Tezos).
*   Integrazione con energia rinnovabile.

75.Le criptovalute possono sostituire le valute tradizionali?

Possibilmente, ma devono affrontare sfide come regolamentazione, volatilità e adozione su larga scala.

76.Qual è il futuro degli smart contract?

Gli smart contract diventeranno più sofisticati, interoperabili e integrati in settori come sanità, immobiliare, logistica e altri.

77.Come si sviluppa un'app decentralizzata (dApp)?

1. Definisci lo scopo.
2. Scegli una blockchain (es.: Ethereum, Polygon).
3. Scrivi lo smart contract.
4. Costruisci l'interfaccia utente e integra il backend.

78.Quali sono le professioni emergenti legate al Web3?

1. Sviluppatori blockchain.
2. Responsabile di DAO.
3. Artisti NFT.
4. Specialista in ottimizzazione decentralizzata (DOS).
5. Consulenti per smart contract.

79.Cosa significa "economia tokenizzata"?

È un'economia in cui beni, servizi e diritti sono rappresentati da token digitali, facilitando la transazione e la proprietà.

80.Come le tecnologie emergenti (IA, VR) influenzeranno il Web3?

L'IA potenzierà l'automazione e l'efficienza delle reti, mentre la VR migliorerà l'interazione e l'esperienza utente nel metaverso.

Critiche e Rischi

81. Perché il Web3 è critico da alcune persone?

- **Complessità tecnica.**
- Problemi di scalabilità.
- Impatto ambientale della blockchain PoW.

82. Quali sono i rischi principali delle criptovalute?

1. Volatilità.
2. Frodi e tartufi.
3. Mancanza di regolamentazione.

83. Le DAO possono essere manipolate?

Sì, se pochi membri controllano la maggioranza dei token.

84. Cosa succede se una DAO fallisce?

I fondi restano bloccati negli smart contract, ei membri potrebbero perdere la loro partecipazione.

85. Esistono problemi etici legati all'uso delle blockchain?

Sì, come la trasparenza forzata o il potenziale uso per attività illecite.

86.La decentralizzazione può portare a inefficienza?

Sì, soprattutto nelle decisioni lente e nella difficoltà di raggiungere il consenso.

87.Come si evitano truffe o progetti fraudolenti?

- Verifica dei codici degli smart contract.
- Affidarsi a piattaforme e progetti consolidati.

88.Le blockchain possono violare la privacy degli utenti?

Sì, le transazioni pubbliche possono esporre dati sensibili. Le soluzioni come zk-SNARKs migliorano la privacy.

89.Quali sono i pericoli di un modello economico basato sui token?

Speculazione eccessiva, manipolazione

90.I governi potrebbero vietare l'uso delle blockchain?

Sì, ma l'adozione globale rende difficile l'applicazione di divieti totali.

Inizia Ora

91.Come posso iniziare a imparare su blockchain e Web3?

1. **Leggi guide introduttive**
2. **Segui corsi online**
3. **Partecipa a forum e community**
4. **Sperimenta direttamente**

92.Quali sono le migliori piattaforme per creare un portafoglio?

• **MetaMask:** Uno dei portafogli più popolari per Ethereum e altre blockchain compatibili.
• **Trust Wallet:** Facile da usare, supporta diverse blockchain.
• **Ledger:** Un portafoglio hardware per maggiore sicurezza.
• **Portafoglio Coinbase:** adatto ai principianti, integrato con l'exchange Coinbase

93.Dove posso acquistare le mie prime criptovalute?

1. **Exchange centralizzati:** Binance, Coinbase, Kraken.
2. **Exchange decentralizzati:** Uniswap, PancakeSwap (necessitano di un portafoglio).
3. **Servizi peer-to-peer (P2P):** LocalBitcoins, Binance P2P.

94.Esistono risorse gratuite per approfondire il Web3?

Sì:

1. **Ethereum.org:** Una guida completa su Ethereum e il contratto intelligente.
2. **Risorse per sviluppatori Blockchain:** risorse gratuite per sviluppatori su ethereum .org .
3. **Corsi gratuiti:** Il *CryptoZombies* insegna come programmare smart contract su Ethereum.

4. **YouTube:** Canali come Finematics e Whiteboard Crypto offrono spiegazioni accessibili.

95.Quali strumenti sono indispensabili per chi vuole lavorare nel Web3?

1. **Portafoglio digitale:** per interagire con blockchain e dApp.
2. **IDE per sviluppo:** Visual Studio Code o Remix per programmare smart contract.
3. **Testnet e faucet:** per sperimentare senza rischiare fondi reali.
4. **Blockchain Explorer:** Etherscan per monitorare transazioni e smart contract.
5. **Framework per sviluppo:** Hardhat o Truffle per costruire e testare dApp.

96.Come posso contribuire a una DAO senza esperienza tecnica?

1. **Partecipa al forum della DAO:** condividi idee e feedback.
2. **Prendi parte alle votazioni:** Con un portafoglio e token di governance.
3. **Supporta la community:** Promuovi la DAO sui social o crea contenuti informativi.
4. **Offri competenze non tecniche:** Marketing, design, gestione della community.

97.Posso imparare a programmare smart contract da zero?

Sì, seguendo questi passaggi:

1. Impara i fondamenti di programmazione, come JavaScript o Python.
2. Studia Solidity, il linguaggio per smart contract su Ethereum (es.: *CryptoZombies* o *Solidity by Esempio*).

3. Sperimenta con piattaforme come Remix, una piattaforma online per sviluppare smart contract.

98. Quali sono i primi passi per avviare un progetto Web3?

1. **Identifica un problema:** cerca una soluzione che sfrutti la blockchain.
2. **Forma un team:** Coinvolgi sviluppatori, designer ed esperti di marketing.
3. **Scegli la blockchain adatta:** Ethereum, Polygon, Solana, ecc.
4. **Crea un MVP (Minimum Viable Product):** Usa strumenti come Hardhat per sviluppare un prototipo.
5. **Promuovi il progetto:** Attrai utenti e investitori tramite social media e community.

99. Come costruire una comunità attorno a un progetto Web3?

1. **Utilizza piattaforme come:** Discord, Telegram, Twitter.
2. **Coinvolgi gli utenti:** Organizza AMA (Ask Me Anything), sondaggi e proposte di governance.
3. **Fornisci incentivi:** Airdrop di token o premi per i contributi.
4. **Mantieni la trasparenza:** Comunica regolarmente progressi e piani futuri.

100. Il Web3 è davvero il futuro o solo una moda?

Il Web3 ha il potenziale di rivoluzionare Internet attraverso la decentralizzazione, proprietà dei dati e nuove economie digitali. Tuttavia, il successo dipenderà da:

- Miglioramenti nella scalabilità e sostenibilità.
- Regolamentazioni equilibrate.
- Adozione da parte di utenti e aziende.

Al momento, è un settore in crescita con sfide significative, ma non è una moda passeggera: le tecnologie su cui si basa stanno già trasformando vari settori.

Per rimanere in tema, ho scelto come copertina del libro l'**NFT "Harvest of Satoshi"**,

appartenente alla collezione "Digital Prosperity: The Nature of Blockchain" di Melia Moga,

la nostra rappresentante
virtuale e influencer AI
attiva su Instagram.
Il token ufficiale di tutti i
nostri progetti: MOGA

Grazie per essere arrivato fin qui

Vorrei ringraziare per aver dedicato il tempo a leggere questo libro. Spero di essere riuscita a spiegare in modo chiaro ed esaustivo un tema così vasto e complesso come il Web3, il metaverso, le criptovalute, e tutte le innovazioni che stanno cambiando il nostro presente e il nostro futuro.

L'obiettivo di queste pagine è stato quello di condividere le mie conoscenze e portarti con me in un viaggio verso il futuro digitale che ci aspetta nei prossimi anni. Non so se sono riuscita a rispondere a tutte le domande o a dissipare ogni dubbio, ma il mio unico scopo era aprire una finestra su queste nuove realtà, con la speranza di averti ispirato e incuriosito.

Se hai trovato utile questo libro, o se ti ha fatto riflettere su qualcosa di nuovo, allora il mio lavoro avrà avuto senso.

Ti invito a esplorare, a porti domande e a non smettere mai di imparare: il futuro è nelle nostre mani.

Grazie per aver condiviso questo percorso con me.

Marta Maria Moga